Karl Kautsky

Die historische Leistung von Karl Marx

SEVERUS Verlag

Kautsky, Karl: Die historische Leistung von Karl Marx. 2021
Neuauflage der Ausgabe von 1919
ISBN: 978-3-96345-261-1

Umschlaggestaltung: Annelie Lamers, SEVERUS Verlag
Umschlagmotiv: www.pixabay.com

Bibliografische Information der Deutschen Nationalbibliothek: Die Deutsche Nationalbibliothek verzeichnet diese Publikation in der Deutschen Nationalbibliografie; detaillierte bibliografische Daten sind im Internet über https://dnb.de abrufbar.

Der SEVERUS Verlag ist ein Imprint der Bedey & Thoms Media GmbH, Hermannstal 119k, 22119 Hamburg

---

SEVERUS Verlag, 2021
http://www.severus-verlag.de
Gedruckt in Deutschland

Karl Kautsky

Die historische Leistung von Karl Marx

von Kautsky verfasst zum 25. Todestage

SEVERUS

Editorische Notiz:
Bilder entnommen aus: Beer, Max: Karl Marx. Sein Leben und seine Lehre. Hamburg, SEVERUS Verlag 2016; Kautsky, Karl: Georgien. Eine sozialdemokratische Bauernrepublik. Eindrücke zu Beginn des 20. Jahrhunderts. Hamburg, SEVERUS Verlag 2018.

Die Orthographie wurde behutsam modernisiert, grammatikalische Eigenheiten bleiben gewahrt. Die Interpunktion folgt der Druckvorlage. Der Inhalt ist im historischen Kontext zu lesen.

Inhalt

Vorwort der Neuausgabe 3

Vorwort 7

1. Einleitung 9

2. Die Zusammenfassung von Natur- und Geisteswissenschaft 11

3. Marx und Engels 23

4. Die Zusammenfassung deutschen, französischen und englischen Denkens 27

5. Die Vereinigung von Arbeiterbewegung und Sozialismus 37

6. Die Zusammenfassung der Theorie und Praxis 53

Vorwort der Neuausgabe

Karl Kautsky (1854–1938) war ein deutsch-tschechischer Philosoph, sozialdemokratischer Politiker und ein Verfechter des (orthodoxen) Marxismus. Sein Lebensziel war es, eine sozialistische Gesellschaft zu erschaffen.

Schon in seiner Kindheit bildete er sich seine (politische) Meinung. Als er mit neun Jahren mit seiner Familie von Prag nach Österreich zog, wurde er dort wegen seiner slawischen Wurzeln oft diskriminiert. Die Unabhängigkeit Tschechiens und die Ausrufung der »böhmischen Republik« wurden in der Folge zu seinen politischen Idealen seiner Jugendzeit (1854–1879). Kautsky begeisterte sich im späteren Verlauf seines Lebens auch für die Einrichtungen der Kommune, dem Ideal der direkten Demokratie und wandte sich während des Aufstandes der Pariser Kommune dem Sozialismus zu.

Vor dem Beginn seines Studiums in Wien trat er 1874 der SDAP (Sozialdemokratische Arbeiterpartei) bei. Die Wahl seiner Studienfächer richtete sich dementsprechend nur auf seine politischen Interessen. Während er studierte, schrieb er mehrere sehr erfolgreiche Artikel über den Sozialismus unter dem Synonym »Symmachos«. Dadurch wurde er zu einem der einflussreichsten Journalisten der sozialdemokratischen Presse.[1] Nach dem Studium begann er für den Privatlehrer Karl Höchberg in Zürich zu arbeiten. Karl Höchberg war ethischer Sozialist und Finanzier

1 Kautsky war Mitgründer der wichtigsten Theoriezeitschrift der SPD »Die Neue Zeit« (1883–1923). Er hat sie bis 1917 geleitet. Dort wurden u.a. Artikel von Engels, Marx und von ihm selbst veröffentlicht.

der frühen Sozialdemokratie. Zu der Zeit fing Kautsky an, sich intensiver mit dem Marxismus[2] zu beschäftigen.

1881 lernte Kautsky Karl Marx und Friedrich Engels auf einer Reise nach London persönlich kennen und war fünf Jahre lang eng mit ihnen befreundet. In jener Zeit waren Engels und Marx in der letzten Phase des Schaffungsprozesses ihrer Gesellschaftstheorie. Engels kümmerte sich um die Verbreitung der Lehre, indem er mehrere Zeitungsartikel veröffentlichte und sich mit Kritikern austauschte. Diese Zeit prägte Kautsky nachhaltig. 1890, nach dem Fall des Sozialistengesetzes in Deutschland, zog Kautsky nach Stuttgart. Ein Jahr nach dem Umzug bereitete er mit zwei anderen das Programm der SPD in Erfurt vor, wurde der Nachfolger von Friedrich Engels und zum wichtigsten und einflussreichsten Theoretiker der SPD. Zusammen mit August Bebel stand er im »marxistischen Zentrum« der Partei.

Kleiner Exkurs: Zum besseren Verständnis folgt ein kleiner Ausschnitt von der Parteigeschichte. Die SDAP hatte sich 1875 mit dem ADAV (Allgemeiner Deutscher Arbeiterverband) zusammengeschlossen. Die Vereinigung der beiden Bürgerparteien nannte sich dann SAP (Sozialistische Arbeiterpartei Deutschlands). Im selben Jahr erreichten die antisozialistischen Maßnahmen in der deutschen Politik ihren Höhepunkt, woraufhin die SAP in vielen Teilen Deutschlands verboten wurde. Diese repressiven Sozialistengesetze wurden erst im Jahr 1890 aufgehoben und die SAP war wieder überall zugelassen. Danach nannte sich die SAP in die SPD (Sozialdemokratische Partei Deutschlands) um.

2 Das Ziel der marxistischen Wirtschaftstheorie ist eine Umgestaltung der Klassengesellschaft in eine klassenlose Gesellschaft. Die politische, wissenschaftliche und ideengeschichtliche Strömung kann dem Sozialismus und dem Kommunismus zugerechnet werden.

Nach der Jahrhundertwende entwickelten Kautsky und andere Sozialdemokraten, wie Karl Liebknecht und Hugo Haase, eine kritische Position gegenüber dem Imperialismus, der ihrer Meinung nach nur durch den Sozialismus aufgehoben werden könne. Kautsky profilierte sich als Kritiker des Bernsteinschen Revisionismus und vermittelte zwischen den zwei Strömungen innerhalb der Partei, der reformorientierten Parteiführung und der radikalen Linken. Zwölf Jahre später änderte Karl Kautsky jedoch seine Meinung und wandte sich der Theorie des Ultra-Imperialismus zu. Diese besagt, dass ein Staatenkartell an die Stelle der imperialistischen Konkurrenz treten solle, um damit das Wettrüsten und die Kriegsgefahr zu beseitigen. Dafür wurde er scharf von Lenin kritisiert. Dieser hatte sich bereits in jungen Jahren mit den marxistischen Theorien auseinandergesetzt. Er war Verfechter des orthodoxen Marxismus und hatte sich schon seit Jahren mit Kautsky und seiner Interpretation der marxistischen Theorie befasst. Beide hatten in frühen Jahren zusammen gearbeitet. Kautsky wurde auch um Rat gefragt, als die bolschewistische Revolution (Oktoberrevolution) anfing. In seinem Werk »Die proletarische Revolution und der Renegat Kautsky« warf Lenin ihm aber wegen der Ultra-Imperialismus-Theorie Revisionismus vor. Die Parteilinke brach daraufhin mit ihm, da er auch der Kriegspolitik der Partei nicht entschieden genug entgegen trat. Infolgedessen wurde die USPD (Unabhängige Sozialdemokratische Partei Deutschlands) gegründet, bei der Kautsky eine entscheidende Rolle spielte. Nach fünf Jahren kehrte er jedoch zur SPD zurück. Engels und Kautsky haben das Programm mit dem Marxismus der SPD spürbar geprägt.

Karl Kautsky eckte mit seinem Verhalten und seiner Meinung bei vielen an. Die einen hielten ihn für zu rechts, die anderen wiederum für zu links. Nach der Revolution in

Russland blieb er bis zu seinem Tod eine politische Randfigur. Er befasste sich aber auch intensiv mit der Religionsgeschichte und schrieb zu dem Thema u.a. das Buch »Der Ursprung des Christentums«, in dem er sich mit dem Urchristentum auseinandersetzte. Auch mit der Reformation beschäftigte er sich eingehend, v.a. mit den religiös-kommunistischen und utopischen Strömungen, die seiner Meinung nach zuvor im Marxismus zu wenig geschätzt worden waren.

Kautsky war ein politischer Vertreter und wichtiger Theoretiker des Marxismus. Mit seinen marxistischen Ideen leistet er einen unbezahlbaren und notwendigen Beitrag. Durch seine Freundschaft zu Karl Marx und Friedrich Engels konnte er eine enge Verbindung zu der Gesellschaftslehre aufbauen. Er betont in seinem Text, dass ohne die Zusammenarbeit von Engels und Marx nicht eine so umfassende und vollkommende Theorie hätte entstehen können. In seinen Schriften lässt sich ein Ansatz zur Kanonisierung des Marxismus zu einer einheitlichen Lehre erkennen. Das vorliegende Werk, das am 25. Todestag von Karl Marx veröffentlicht wurde, soll Fragen beantworten, die in der damaligen Zeit offen standen und zu hitzigen Diskussionen führten. Neben den Studien zur Parteigeschichte beinhaltet es auch eine Lobrede auf Karl Marx' und Friedrich Engels theoretisches Schaffen. Denn Kautsky sah die beiden nicht nur als wegweisende Theoretiker, sondern auch als Vorbilder für eine ganze Generation.

Viel Vergnügen beim Lesen!

Tamara Boerner
SEVERUS Verlag

Vorwort

Die Schrift ist ein mehrfach erweiterter Vortrag, den ich im Dezember 1907 in Bremen gehalten habe.

Es ist nicht eine Lobrede auf Karl Marx, was ich hier gebe. Sie entspräche wenig dem stolzen Sinne des Mannes, dessen Wahlspruch es war: Verfolge Deinen Weg und lass die Leute reden. Sie wäre auch abgeschmackt zu einer Zeit, wo seine persönliche Bedeutung von aller Welt anerkannt wird.

Es handelt sich vielmehr darum, das Verständnis dessen zu erleichtern, was Marx der Welt gebracht hat. Das ist keineswegs so allgemein bekannt, wie es notwendig wäre in einer Periode, in der so heftig für und wider Marx gestritten wird. Gar mancher wird wohl beim Lesen der folgenden Seiten finden, dass Gedanken, die heute zu Selbstverständlichkeiten geworden sind, von Marx und Engels in mühsamer Arbeit zu entdecken waren. Er wird aber auch finden, dass Ideen, die uns heute als überraschende, neue Entdeckungen gepriesen werden, durch die der »veraltete« Marxismus überwunden oder weitergebildet werden soll, im Grunde nichts darstellen als die Wiederbelebung von Anschauungen und Denkweisen, die vor Marx grassierten und sich abnutzten, und die gerade dieser überwunden hat, die aber vor neuen Generationen, denen die Vergangenheit unserer Bewegung fremd ist, immer wieder von Neuem auftauchen.

So will die vorliegende Arbeit nicht bloß eine Studie zur Parteigeschichte sein, sondern auch ein Beitrag zur Entscheidung aktueller Fragen.

F r i e d e n a u , *Februar 1908.*

K. Kautsky.

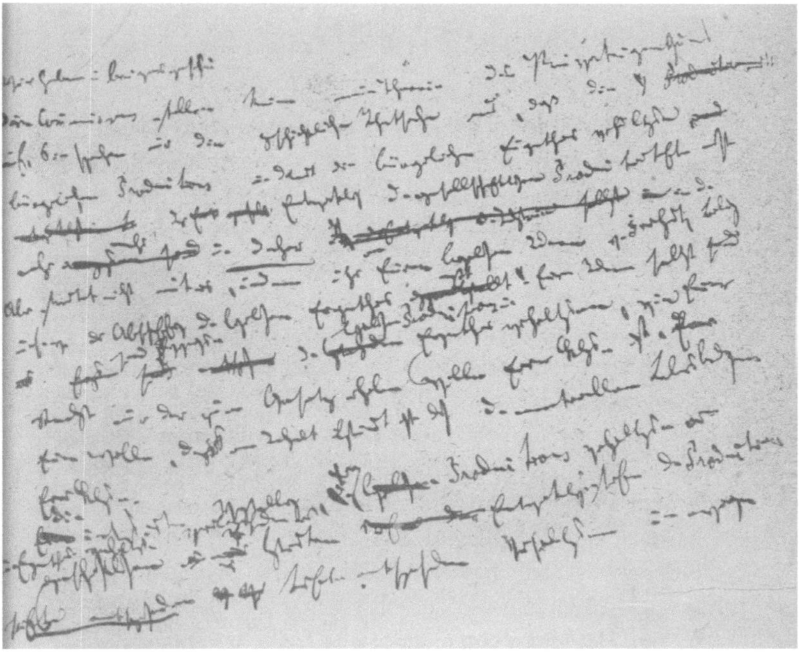

Erster Entwurf von Karl Marx zum »Kommunistischen Manifest« (Aus der letzten Seite des Originalmanuskripts)

1. Einleitung

Am 14. März 1908 werden es 25 Jahre, dass Karl Marx tot ist, und im Beginn desselben Jahres waren es sechs Jahrzehnte, dass das Kommunistische Manifest erschien, in dem seine neue Lehre ihren ersten zusammenfassenden Ausdruck fand. Das sind lange Zeiträume für eine so raschlebige Zeit wie die unsere, die ihre wissenschaftlichen und künstlerischen Anschauungen ebenso schnell wechselt wie ihre Moden. Und doch lebt Karl Marx heute noch unter uns in voller Kraft, und er beherrscht das Denken unserer Zeit mehr als je, trotz aller Krisen des Marxismus, trotz aller Widerlegungen und Überwindungen von den Kathedern der bürgerlichen Wissenschaft herab.

Dieser erstaunliche und stets wachsende Einfluss bliebe völlig unverständlich, wenn es Marx nicht gelungen wäre, die letzten Wurzeln der kapitalistischen Gesellschaft bloßzulegen. Hat er das getan, dann sind freilich, solange diese Gesellschaftsform dauert, neue soziale Erkenntnisse von grundlegender Bedeutung über Marx hinaus nicht mehr zu gewinnen, und dann bleibt solange der Weg, den er gewiesen, praktisch wie theoretisch weit fruchtbringender als jeder andere. Der gewaltige und dauernde Einfluss von Marx auf das moderne Denken wäre aber auch unverständlich, wenn er nicht vermocht hätte, geistig über das Gebiet der kapitalistischen Produktionsweise hinauszuwachsen, die Tendenzen zu erkennen, die über sie hinaus zu einer höheren Gesellschaftsordnung führen, und uns so ferne Ziele zu weisen, die durch den Fortgang der Entwicklung immer näher, immer greifbarer werden und in demselben Maße auch die Größe des Mannes immer gewaltiger erkennen lassen, der sie zuerst klar erfasst.

Es ist die so seltene Mischung wissenschaftlicher Tiefe mit revolutionärer Kühnheit, was bewirkt, dass Karl Marx heute, ein Vierteljahrhundert nach seinem Tode, zwei Menschenalter nach dem Beginn seines öffentlichen Auftretens, weit machtvoller unter uns lebt als in den Tagen, als er noch unter den Lebenden wandelte.

Suchen wir uns klar zu werden über das Wesen der historischen Leistung dieses wunderbaren Mannes, dann kann man sie vielleicht am besten dadurch charakterisieren, dass man sie als Tätigkeit der Zusammenfassung kennzeichnet, der Zusammenfassung verschiedenen oft anscheinend gegensätzlicher Gebiete zu einer höheren Einheit: Wir haben da vor allem die Zusammenfassung von Naturwissenschaft und Geisteswissenschaft, von englischem, französischem, deutschem Denken, von Arbeiterbewegung und Sozialismus, von Theorie und Praxis. Dass ihm das alles gelang, dass er mit einem Universalismus ohnegleichen alle diese Gebiete nicht bloß kannte, sondern bis zur Meisterschaft beherrschte, dadurch wurde es Karl Marx möglich, seine gewaltige historische Leistung zu vollbringen, die den ersten Jahrzehnten des zwanzigsten Jahrhunderts ihren Charakter ausprägt.

2. Die Zusammenfassung von Natur- und Geisteswissenschaft

Die Grundlage alles Wirkens von Karl Marx bildet seine theoretische Leistung. Sie müssen wir vor allem betrachten. Aber gerade sie bietet für die populäre Darstellung besondere Schwierigkeiten. Es wird uns hoffentlich gelingen, sie zu überwinden, trotzdem wir uns auf einige Andeutungen beschränken müssen. Auf jeden Fall werden die Punkte, die wir nach diesem behandeln, ohne Weiteres leicht verständlich sein, der Leser braucht sich also durch einige Mühe, welche die nächsten Seiten bereiten, nicht davon abschrecken zu lassen, sich zu den weiteren durchzuarbeiten.

Man teilt die Wissenschaft in zwei große Gebiete: Die Naturwissenschaften, welche die Gesetze der Bewegungen der leblosen und belebten Körper zu erforschen suchen, und die Geisteswissenschaften, die eigentlich mit Unrecht so genannt werden: Denn soweit der Geist als Äußerung eines einzelnen Körpers auftritt, wird er von den Naturwissenschaften untersucht. Die Psychologie, die Seelenlehre, wird ganz mit naturwissenschaftlichen Methoden betrieben und es ist den Geisteswissenschaften nie eingefallen, Geisteskrankheiten heilen zu wollen. Das Anrecht der Naturwissenschaft auf dies Gebiet bleibt unbestritten.

Was man Geisteswissenschaft nennt, ist tatsächlich Gesellschaftswissenschaft und behandelt die Verhältnisse des Menschen zu seinen Nebenmenschen. Nur jene geistigen Tätigkeiten und Äußerungen des Menschen, die dafür in Betracht kommen, werden von den Geisteswissenschaften untersucht.

Innerhalb der Geisteswissenschaften selbst kann man aber wieder zwei Gruppen unterscheiden: Die einen, die die menschliche Gesellschaft als solche aufgrund von Massenbetrachtungen erforschen. Dazu gehört die politische Ökonomie, die Lehre von den Gesetzen der gesellschaftlichen Wirtschaft unter der Herrschaft der Warenproduktion; die Ethnologie, die Untersuchung der verschiedenen gesellschaftlichen Zustände der verschiedenen Völker; endlich die Prähistorie oder Urgeschichte, die Erforschung der gesellschaftlichen Zustände in der Zeit, aus der keine geschriebenen Dokumente überliefert sind.

Die andere Gruppe der Geisteswissenschaften umfasst Wissenschaften, die bisher vornehmlich vom Individuum ausgingen, die die Stellung und Wirkung des Individuums in der Gesellschaft behandelten: Geschichte, Juristerei und Ethik oder Sittlichkeitslehre.

Diese zweite Gruppe von Geisteswissenschaften ist uralt und hat auf das Denken der Menschen seit jeher den größten Einfluss geübt. Die erstere Gruppe war dagegen zur Zeit, da Marx sich bildete, jung und eben erst zu wissenschaftlichen Methoden gelangt. Sie blieb auf Fachleute beschränkt und hatte noch keinen Einfluss auf das allgemeine Denken, das durch die Naturwissenschaften und die Geisteswissenschaften der zweiten Gruppe bestimmt wurde.

Zwischen den beiden letztgenannten Arten von Wissenschaften bestand nun eine gewaltige Kluft, die sich in gegensätzlichen Weltanschauungen offenbarte.

Die Naturwissenschaft hatte so viele notwendige, gesetzmäßige Zusammenhänge in der Natur aufgedeckt, das heißt, so viele Male erprobt, dass gleiche Ursachen stets auch gleiche Wirkungen hervorrufen, dass sie ganz durchdrungen war von der Voraussetzung einer allgemeinen Gesetzmäßigkeit in der Natur und die Annahme geheimnisvoller Mächte, die ganz nach Willkür in das natürliche Geschehen eingreifen, aus ihr völlig verbannt wurde. Der moderne Mensch trachtet nicht mehr danach, solche Mächte sich durch Gebete und Opfer günstig zu stimmen, sondern nur noch danach, die gesetzmäßigen Zusammenhänge in der Natur zu erkennen, um in ihr durch sein Eingreifen jene Wirkungen erzielen zu können, deren er zu seiner Existenz oder seinem Behagen bedarf.

Anders in den genannten Geisteswissenschaften. Diese wurden noch beherrscht von der Annahme der Freiheit des menschlichen Willens, der keiner gesetzmäßigen Notwendigkeit unterliege. Die Juristen und Ethiker fühlten sich gedrängt, an dieser Annahme festzuhalten, weil sie sonst den Boden unter den Füßen verlören. Wenn der Mensch ein Produkt der Verhältnisse ist, sein Tun und Wollen die notwendige Wirkung von Ursachen, die nicht von seinem Belieben abhängen, was sollte dann aus Sünde und Strafe, aus Gut und Böse, aus der juristischen und moralischen Verurteilung werden?

Das war freilich nur ein Motiv, ein Beweggrund »praktischer Vernunft«, kein Beweisgrund. Diesen lieferte vornehmlich die Geschichtswissenschaft, die im Wesentlichen auf nichts anderem beruhte als auf der Sammlung von geschriebenen Dokumenten früherer Zeiten, in denen die Taten einzelner Individuen, namentlich der Regenten, entweder von ihnen selbst oder von andern mitgeteilt wurden. Irgendeine gesetzmäßige Notwendigkeit in den einzelnen Taten zu entdecken, schien unmöglich. Vergeblich versuchten naturwissenschaftlich Denkende, eine solche Notwendigkeit herauszufinden. Wohl sträubten sie sich dagegen, dass die allgemeine Gesetzmäßigkeit der Natur für das Tun des Menschen nicht gelten sollte. Die Erfahrung bot ihnen genügenden Stoff, zu zeigen, dass der menschliche Geist keine Ausnahme in der Natur mache, dass er auf bestimmte Ursachen immer mit bestimmten Wirkungen antworte. Indes, so unleugbar das für die einfacheren geistigen Betätigungen festgestellt werden konnte, die der Mensch mit den Tieren gemeinsam hat, für seine komplizierten Betätigungen, für die gesellschaftlichen Ideen und Ideale konnten die Naturforscher keinen notwendigen ursächlichen Zusammenhang herausfinden, sie vermochten also diese Lücke nicht auszufüllen. Sie konnten wohl behaupten, dass der menschliche Geist nur ein Stück der Natur sei und innerhalb ihrer notwendigen Zusammenhänge liege, aber sie konnten es nicht ausreichend auf allen Gebieten beweisen. Ihr materialistischer Monismus blieb unvollständig und konnte mit dem Idealismus und Dualismus nicht fertig werden.

Da kam Marx und sah, dass die Geschichte und die in der Geschichte wirkenden Ideen und Ideale der Menschen, deren Erfolge und Misserfolge das Ergebnis von Klassenkämpfen sind. Aber er sah noch mehr. Klassengegensätze und Klassenkämpfe hatte man schon vor ihm in der Geschichte gesehen, aber sie waren meist als das Werk von Dummheit und Bosheit einerseits, von Hochsinnigkeit und Aufklärung andererseits erschienen; erst Marx deckte ihren notwendigen Zusammenhang mit den wirtschaftlichen Verhältnissen auf, deren Gesetzmäßigkeit erkannt werden kann, wie Marx am besten dartat. Die wirtschaftlichen Verhältnisse selbst beruhen aber wieder in letzter Linie auf der Art und dem Maße der Herrschaft des Menschen über die Natur, die aus der Erkenntnis der Naturgesetze hervorgeht.

Nur unter bestimmten gesellschaftlichen Bedingungen ist die Triebkraft der Geschichte der Klassenkampf; stets ist es in letzter Linie der Kampf gegen die Natur. Wie eigenartig auch die Gesellschaft gegenüber der übrigen Natur erscheinen mag, hier wie dort finden wir dieselbe Art der Bewegung und Entwicklung durch den Kampf von Gegensätzen, die immer wieder aus der Natur selbst hervorgehen, das heißt, durch die dialektische Entwicklung.

Damit war die gesellschaftliche Entwicklung in den Rahmen der natürlichen Entwicklung hineingestellt, war der menschliche Geist auch in seinen kompliziertesten und höchsten Äußerungen, den gesellschaftlichen, als ein Stück der Natur dargetan und die natürliche Gesetzlichkeit seines Wirkens auf allen Gebieten erwiesen, dem philosophischen Idealismus und Dualismus der letzte Boden entzogen.

Auf diese Weise hat Marx nicht bloß die Geschichtswissenschaft völlig umgewälzt, sondern auch die Kluft zwischen Naturwissenschaften und Geisteswissenschaften ausgefüllt, die Einheitlichkeit der gesamten menschlichen Wissenschaft begründet und dadurch die Philosophie überflüssig gemacht, insofern diese als besondere, außerhalb der Wissenschaften und über ihnen stehende Weisheit jene Einheitlichkeit des Denkens über den Weltprozess herzustellen suchte, die ehedem aus den Wissenschaften nicht zu gewinnen war.

Es bedeutet eine gewaltige Erhebung der Wissenschaft, was Marx mit seiner Geschichtsauffassung bewirkte; das gesamte menschliche Denken und Erkennen musste dadurch auf das Kraftvollste befruchtet werden – aber merkwürdig: Die bürgerliche, das heißt vom Bürgertum anerkannte Wissenschaft, verhielt sich völlig ablehnend dagegen, und nur im Gegensatz zu ihr, als besondere, proletarische Wissenschaft konnte die neue wissenschaftliche Auffassung sich durchringen.

Man hat die Aufstellung des Gegensatzes von bürgerlicher und proletarischer Wissenschaft verhöhnt, als ob es etwa eine bürgerliche und eine proletarische Chemie oder Mathematik geben könnte! Aber die Spötter beweisen nur, dass sie nicht wissen, um was es sich handelt.

Die Entdeckung der Marxschen materialistischen Geschichtsauffassung hatte zwei Vorbedingungen. Einmal eine bestimmte Höhe der Wissenschaft, dann aber auch seinen revolutionären Standpunkt.

Die Gesetzmäßigkeit der geschichtlichen Entwicklung konnte erst erkannt werden, als die neuen oben erwähnten Geisteswissenschaften, politische Ökonomie und in ihr wieder Wirtschaftsgeschichte, dann Ethnologie und Prähistorie zu einer gewissen Höhe gelangt waren. Nur diese Wissenschaften, aus deren Material das Individuum von vornherein ausgeschlossen war, die von vornherein aus Massenbeobachtungen fußten, konnten die Grundgesetze der gesellschaftlichen Entwicklung erkennen lassen und so den Weg bahnen zur Erforschung jener Strömungen, von denen die einzelnen an der Oberfläche schwimmenden Individuen getrieben werden und die die herkömmliche Darstellung der Geschichte allein beachtet und verzeichnet.

Diese neuen Geisteswissenschaften entwickelten sich erst mit der kapitalistischen Produktionsweise und ihrem Weltverkehr, sie konnten Bedeutendes erst leisten, als das Kapital zur Herrschaft gelangt war, damit aber auch die Bourgeoisie aufgehört hatte, eine revolutionäre Klasse zu sein.

Nur eine solche vermochte jedoch die Lehre vom Klassenkampf zu akzeptieren. Eine Klasse, die die Macht in der Gesellschaft erobern will, muss auch den K a m p f um die Macht wollen, sie wird seine Notwendigkeit leicht begreifen. Eine Klasse, die die Macht besitzt, wird jeden Kampf darum als eine unwillkommene Störung betrachten und sich gegen jede Lehre ablehnend verhalten, die seine Notwendigkeit dartut. Sie wird umso mehr dagegen auftreten, wenn die Lehre vom Klassenkampf eine Lehre gesellschaftlicher Entwicklung ist, die als notwendigen Abschluss des gegenwärtigen Klassenkampfes die Überwindung der gegenwärtigen Herren der Gesellschaft hinstellt.

Aber auch die Lehre, dass die Menschen Produkte der gesellschaftlichen Verhältnisse insoweit sind, als sich die Mitglieder einer besonderen Gesellschaftsform von den Menschen anderer Gesellschaftsformen unterscheiden, auch diese Lehre ist für eine konservative Klasse nicht annehmbar, weil dabei als das einzige Mittel, die Menschen zu ändern, die Veränderung der Gesellschaft selbst erscheint. Solange die Bourgeoisie revolutionär war, huldigte auch sie der Anschauung, dass die Menschen die Produkte der Gesellschaft seien, aber leider waren damals jene Wissenschaften noch nicht genügend entwickelt, aus denen man die Triebkräfte der gesellschaftlichen Entwicklung hätte erkennen können. Die französischen Materialisten des 18. Jahrhunderts kannten nicht den Klassenkampf und beachteten nicht die technische Entwicklung. Und so wussten sie wohl, dass man, um die Menschen zu ändern, die Gesellschaft ändern müsse, aber sie wussten nicht, woher nun die Kräfte kommen sollten, die die Gesellschaft zu ändern hätten. Sie suchten diese Kräfte in der Allmacht einzelner außerordentlicher Menschen, vor allem in der von Schulmeistern. Darüber hinaus kam der bürgerliche Materialismus nicht.

Sobald dann die Bourgeoisie konservativ wurde, erschien ihr bald der Gedanke unerträglich, dass die gesellschaftlichen Verhältnisse es seien, die an den besonderen Missständen unserer Zeit Schuld trügen und daher geändert werden müssten. Soweit sie naturwissenschaftlich denkt, sucht sie jetzt nachzuweisen, dass die Menschen von Natur aus so sind und sein müssen, wie sie sind, dass die Gesellschaft ändern wollen nichts anderes heißt, als die natürliche Ordnung auf den Kopf stellen. Man muss indes schon sehr ausschließlich naturwissenschaftlich gebildet und von den gesellschaftlichen Verhältnissen unserer Zeit unberührt geblieben sein, um deren naturnotwendiges Fortbestehen für alle Zeiten zu behaupten. Die Mehrzahl der Bourgeoisie findet nicht mehr den Mut dazu, sie sucht sich zu trösten durch Leugnung des Materialismus und Anerkennung der Willensfreiheit. Nicht die Gesellschaft macht die Menschen, behauptet sie, sondern die Menschen machen die Gesellschaft nach ihrem Willen. Diese ist unvollkommen, weil jene es sind. Wir müssen die Gesellschaft verbessern nicht durch gesellschaftliche Umwandlungen, sondern dadurch, dass wir die einzelnen höher heben, ihnen eine höhere Sittlichkeit einflößen. Die besseren Menschen werden dann schon eine bessere Gesellschaft erzeugen. So wird die Ethik und die Anerkennung der Willensfreiheit zur Lieblingsdoktrin des heutigen Bürgertums. Sie soll dessen guten Willen bekunden, den gesellschaftlichen Missständen entgegenzuwirken und es doch zu keiner gesellschaftlichen Veränderung verpflichten, im Gegenteil, jede solche abwehren.

Wer auf dem Boden der bürgerlichen Gesellschaft steht, dem sind von diesem Standpunkt aus alle Erkenntnisse unzugänglich, die auf der Grundlage der von Marx geschaffenen Einheitlichkeit aller Wissenschaft gewonnen werden können. Nur wer sich der bestehenden Gesellschaft kritisch gegenüberstellt, kann zum Begreifen dieser Erkenntnisse gelangen, das heißt, also nur derjenige, der sich auf den Boden des Proletariats stellt. Insofern kann man die proletarische von der bürgerlichen Wissenschaft unterscheiden.

Natürlich äußert sich der Gegensatz zwischen beiden am stärksten in den Geisteswissenschaften, während der Gegensatz zwischen der feudalen oder katholischen und der bürgerlichen Wissenschaft am auffallendsten in den Naturwissenschaften zutage tritt. Aber das Denken des Menschen strebt stets nach Einheitlichkeit, die verschiedenen Wissensgebiete beeinflussen einander stets und daher wirken unsere gesellschaftlichen Auffassungen auf unsere gesamte Auffassung der Welt zurück. So macht sich der Gegensatz zwischen bürgerlicher und proletarischer Wissenschaft schließlich auch in der Naturwissenschaft geltend.

Die Einwirkung gesellschaftlicher Bedingungen auf die Naturauffassung kann man schon in der griechischen Philosophie verfolgen. Das gleiche zeigt ein Beispiel aus der modernen Naturwissenschaft. Ich habe schon einmal an einem andern Ort darauf hingewiesen, dass die Bourgeoisie, solange sie revolutionär war, auch annahm, dass sich die natürliche Entwicklung durch Katastrophen vollzieht. Seitdem sie konservativ geworden ist, will sie von Katastrophen auch in der Natur nichts mehr wissen. Die Entwicklung vollzieht sich jetzt nach ihrer Ansicht in langsamster Weise ausschließlich auf dem Wege ganz unmerklicher Änderungen. Katastrophen erscheinen ihr als etwas Abnormes, Unnatürliches, nur noch dazu geeignet, die natürliche Entwicklung zu stören. Und trotz der Darwin'schen Lehre vom Kampf ums Dasein bemüht sich die bürgerliche Wissenschaft aus allen Kräften, den Begriff der Entwicklung gleichbedeutend erscheinen zu lassen mit dem eines ganz friedlichen Vorganges.

Für Marx dagegen war der Klassenkampf nur eine besondere Form des allgemeinen Entwicklungsgesetzes der Natur, das durchaus nicht friedlicher Art ist. Die Entwicklung ist für ihn, wie wir schon bemerkt, eine

»dialektische«, das heißt das Produkt eines Kampfes von Gegensätzen, die notwendigerweise auftreten. Jeder Kampf unversöhnlicher Gegensätze muss aber schließlich zu einer Überwindung des einen der Kämpfenden, also zu einer Katastrophe führen. Die Katastrophe kann sich sehr langsam vorbereiten, unmerklich mag die Kraft des einen Kämpfenden wachsen, die des anderen absolut oder im Verhältnis abnehmen, schließlich wird der Zusammenbruch des einen Teils unvermeidlich, – das heißt, unvermeidlich infolge des Kampfes und des Anwachsens der Kraft des einen Teils, nicht unvermeidlich als ein Ereignis, das sich von selbst vollzieht. Tagtäglich, auf Schritt und Tritt begegnen wir kleinen Katastrophen, in der Natur wie in der Gesellschaft. Jeder Todesfall ist eine Katastrophe. Jedes bestehende Gebilde muss einmal einer Übermacht von Gegensätzen erliegen. Das gilt nicht bloß für Pflanzen und Tiere, sondern auch für ganze Gesellschaften, ganze Reiche, ganze Himmelskörper. Auch für sie bereitet der Fortgang des allgemeinen Entwicklungsprozesses durch allmähliches Anwachsen von Widerständen zeitweise Katastrophen vor. Keine Bewegung, keine Entwicklung ohne zeitweise Katastrophen. Diese bilden ein notwendiges Stadium der Entwicklung, die Evolution ist unmöglich ohne zeitweise Revolutionen.

In dieser Auffassung finden wir ebenso die revolutionär-bürgerliche überwunden, die annahm, die Entwicklung vollziehe sich ausschließlich durch Katastrophen, wie die konservativ-bürgerliche, die in der Katastrophe nicht den notwendigen Durchgangspunkt eines oft recht langsamen und unmerklichen Entwicklungsprozesses erblickt, sondern dessen Störung und Hemmung.

Einen anderen Gegensatz zwischen bürgerlicher und proletarischer, oder wenn man lieber will, zwischen konservativer und revolutionärer Wissenschaft finden wir in der Erkenntniskritik. Eine revolutionäre Klasse, welche die Kraft in sich fühlt, die Gesellschaft zu erobern, ist auch geneigt, keine Schranke für ihre wissenschaftlichen Eroberungen anzuerkennen, sich zur Lösung aller Probleme ihrer Zeit fähig zu halten. Eine konservative Klasse dagegen scheut instinktiv jeden Fortschritt nicht bloß auf politischem und sozialem, sondern auch auf wissenschaftlichem Gebiet, weil sie fühlt, dass jede tiefere Erkenntnis ihr nicht mehr viel nützen, wohl aber unendlich schaden kann. Sie ist geneigt, das Vertrauen in die Wissenschaft herabzusetzen.

Die naive Zuversicht, die noch die revolutionären Denker des 18. Jahrhunderts beseelte, als trügen sie die Lösung aller Welträtsel in der Tasche, als sprächen sie im Namen der absoluten Vernunft, kann auch der kühnste Revolutionär heute nicht mehr teilen. Heute wird niemand mehr leugnen wollen, was freilich auch schon im 18. Jahrhundert, ja selbst im Altertum manche Denker wussten, dass alle unsere Erkenntnis relativ ist, dass sie ein Verhältnis des Menschen, des Ichs, zur übrigen Welt darstellt, uns nur dieses Verhältnis zeigt, nicht die Welt selbst. Alle Erkenntnis ist also relativ, bedingt und begrenzt, absolute, ewige Wahrheiten gibt es nicht. Das besagt aber nichts anderes, als dass es keinen Abschluss für ihre Erkenntnis gibt, dass der Prozess des Erkennens ein unendlicher, unbegrenzter ist, dass es zwar töricht ist, irgendeine Erkenntnis als der Weisheit letzten Schluss hinzustellen, aber nicht minder töricht, irgendeinen Satz als der Weisheit äußerste Grenze aufzustellen, über die wir nie und nimmer hinauskommen könnten. Wir wissen vielmehr, dass es der Menschheit noch stets gelungen ist, jede Grenze ihres Erkennens, deren sie sich bewusst wurde, früher oder später zu überschreiten, freilich nur, um dahinter weitere Grenzen zu finden, von denen sie ehedem keine Ahnung hatte. Wir haben nicht den mindesten Grund, vor irgendeinem bestimmten Problem zurückzuschrecken, dessen Dasein wir zu erkennen imstande sind, mutlos davor die Hände in den Schoß sinken zu lassen und resigniert zu murmeln: *Ignorabimus*, wir werden darüber nie etwas wissen. Diese Mutlosigkeit kennzeichnet aber das moderne bürgerliche Denken. Statt mit aller Macht dahin zu streben, unsere Erkenntnis zu erweitern und zu vertiefen, wendet es heute seine vornehmste Kraft dahin auf, bestimmte Grenzen herauszufinden, die unserer Erkenntnis für immer gezogen sein sollen, und die Sicherheit wissenschaftlicher Erkenntnis zu diskreditieren.

Solange die Bourgeoisie revolutionär war, ging sie an solchen Aufgaben vorüber. Auch Marx hatte nie etwas dafür übrig, sehr zur Entrüstung der jetzigen bürgerlichen Philosophie.

3. Marx und Engels

Es war sein revolutionärer, proletarischer Standpunkt, der es einem Geistesriesen wie Marx erlaubte, die Einheitlichkeit aller Wissenschaft zu begründen. Aber wenn wir von Marx reden, dürfen wir nie vergessen, dass dieselbe Großtat gleichzeitig einem ebenbürtigen Denker gelang, F r i e d - r i c h E n g e l s , und dass ohne das innige Zusammenwirken beider die neue materialistische Geschichtsauffassung und die neue geschichtliche oder dialektische Weltauffassung nicht mit einem Schlage so vollkommen und umfassend hätte auftreten können.

Auf anderem Wege wie Marx gelangte Engels zu dieser Auffassung. Marx war der Sohn eines Juristen, zunächst für die juristische, dann die akademische Laufbahn bestimmt. Er studierte Rechtswissenschaft, Philosophie, Geschichte und wandte sich ökonomischen Studien erst zu, als er den Mangel ökonomischer Erkenntnis bitter empfand.

In Paris studierte er Ökonomie, Revolutionsgeschichte und Sozialismus, und namentlich der große Denker Saint Simon scheint auf ihn sehr gewirkt zu haben. Diese Studien brachten ihn dann zu der Erkenntnis, dass nicht das Gesetz, nicht der Staat die Gesellschaft mache, sondern umgekehrt, dass die dem ökonomischen Prozess entspringende Gesellschaft das Gesetz, den Staat nach ihrem Bedürfnis macht.

Engels dagegen wurde als der Sohn eines Fabrikanten geboren, nicht das Gymnasium, sondern die Realschule gab ihm die ersten Grundlagen seines Wissens; dort lernte er naturwissenschaftlich denken. Dann wurde er praktischer Kaufmann, betrieb Ökonomie praktisch und theoretisch und zwar in England, in Manchester, dem Zentrum des englischen Kapitalismus, wo sein Vater eine Fabrik besaß. Von Deutschland her mit der Hegelschen Philosophie vertraut, wusste er die ökonomische Erkenntnis zu vertiefen, die er in England vorfand, und wurde sein Blick vor allem auf die Wirtschaftsgeschichte gelenkt. Nirgends war aber auch in den vierziger Jahren des 19. Jahrhunderts der proletarische Klassenkampf so entwickelt und lag dessen Zusammenhang mit der kapitalistischen Entwicklung so klar zutage wie in England.

So kam Engels gleichzeitig mit Marx, aber auf einem anderen Wege, an die Schwelle derselben materialistischen Geschichtsauffassung wie dieser. Kam der eine dahin auf dem Wege über die alten Geisteswissenschaften, Juristerei, Ethik, Geschichte, so der andere auf dem über die neuen, Ökonomie, Wirtschaftsgeschichte, Ethnologie und die Naturwissenschaften. In der Revolution, im Sozialismus begegneten sie sich. Die Übereinstimmung ihrer Ideen war es, was sie einander sofort näher brachte, als sie in persönliche Berührung kamen, im Jahre 1844 in Paris. Die Übereinstimmung der Ideen wurde aber bald zu völliger Verschmelzung in einer höheren Einheit, bei der es unmöglich ist zu sagen, was und wieviel der eine oder der andere dazu beigetragen hat. Wohl war Marx der Bedeutendere der beiden, und niemand hat dies neidloser, ja freudiger anerkannt als Engels selbst. Nach Marx wird auch ihre Denkweise die marxistische genannt. Aber Marx hätte nie das leisten können, was er geleistet, ohne Engels, von dem er ungeheuer viel lernte – freilich auch umgekehrt. Jeder der beiden wurde gehoben durch das Zusammenwirken mit dem anderen und erlangte so eine Weite des Blicks und eine Universalität, die er für sich allein nicht hätte erringen können. Marx wäre auch ohne Engels, Engels auch ohne Marx zur materialistischen Geschichtsauffassung gekommen, aber ihre Entwicklung wäre wohl langsamer, durch mehr Irrtümer und Fehlschläge hindurchgegangen. Marx war der tiefere Denker, Engels der kühnere. Bei Marx war die Abstraktionskraft stärker entwickelt, die Gabe, in der verwirrenden Fülle der besonderen Erscheinungen das Allgemeine zu entdecken; bei Engels die Kombinationsgabe, das Vermögen, aus einzelnen Merkmalen die Gesamtheit einer Erscheinung im Geiste herzustellen. Bei Marx war das kritische Vermögen kraftvoller, auch die Selbstkritik, die der Kühnheit seines Denkens einen Zaum anlegte und es zu vorsichtigem Vorschreiten und steter Prüfung des Bodens mahnte, während der Engelssche Geist durch die stolze Freude über die gewaltigen Einblicke, die er gewonnen, leicht beflügelt wurde und über die größten Schwierigkeiten hinwegflog.

Unter den vielen Anregungen, die Marx von Engels empfing, ist vor allem eine bedeutsam geworden. Er war gewaltig gehoben worden dadurch, dass er die Einseitigkeit der deutschen Denkweise überwand und deutsches durch französisches Denken befruchtete. Engels machte ihn mit englischem Denken vertraut. Damit erst erlangte sein Denken den höchsten Aufschwung, der unter den gegebenen Verhältnissen möglich war. Nichts irriger, als wenn man den Marxismus für ein rein deutsches Produkt erklärt. Er war von seinem Beginn an international.

Karl Marx

4. Die Zusammenfassung deutschen, französischen und englischen Denkens

Drei Nationen waren im 19. Jahrhundert die Träger der modernen Kultur. Nur wer sich mit dem Geiste aller drei erfüllt hatte, die Leistungen aller drei beherrschte, war bewaffnet mit allen Errungenschaften seines Jahrhunderts, nur der vermochte das Größte zu leisten, was mit den Mitteln dieses Jahrhunderts zu leisten war.

Die Zusammenfassung des Denkens dieser drei Nationen zu einer höheren Einheit, in der jede ihrer Einseitigkeiten aufgehoben war, bildet den Ausgangspunkt der historischen Leistung von Marx und Engels.

England hatte, wie schon erwähnt, den Kapitalismus in der ersten Hälfte des 19. Jahrhunderts weiter entwickelt als jedes andere Land, vor allem dank seiner geographischen Lage, die es ihm im 18. Jahrhundert ermöglichte, erhebliche Vorteile aus der kolonialen Eroberungs- und Plünderungspolitik zu ziehen, an der sich die an den Atlantischen Ozean grenzenden Staaten des europäischen Festlands verbluteten. Dank seiner insularen Lage brauchte es kein starkes stehendes Heer zu halten; konnte es seine Kraft der Flotte zuwenden und ohne Erschöpfung die Seeherrschaft erringen. Sein Reichtum an Kohle und Eisen erlaubte ihm dann, die durch die Kolonialpolitik gewonnenen Reichtümer zur Entwicklung einer kapitalistischen Großindustrie anzuwenden, die wieder durch die Beherrschung der See den Weltmarkt eroberte, der vor der Entwicklung des Eisenbahnwesens für Güter des

Massenkonsums nur auf dem Wasserwege zu erschließen war.

Früher als anderswo konnte man daher in England den Kapitalismus und seine Tendenzen studieren, aber auch, wie schon erwähnt, den proletarischen Klassenkampf, den diese Tendenzen hervorriefen. Nirgends war auch die Erkenntnis der Gesetze der kapitalistischen Produktionsweise, d.h. die politische Ökonomie weiter gediehen als in England. Ebenso dank dem Welthandel, Wirtschaftsgeschichte und Ethnologie. Besser als sonst wo konnte man in England erkennen, was die kommende Zeit in ihrem Schoße barg, konnte man aber auch, dank den neuen Geisteswissenschaften, die Gesetze erkennen, die die gesellschaftliche Entwicklung aller Zeiten beherrschen und so die Einheit von Natur- und Geisteswissenschaft herstellen.

Aber England bot hierzu nur das beste Material, nicht die besten Erforschungsmethoden.

Gerade weil sich in England der Kapitalismus früher entwickelte als anderswo, kam die Bourgeoisie dort zur Herrschaft in der Gesellschaft, ehe der Feudalismus politisch, ökonomisch, geistig völlig abgewirtschaftet hatte und die Bourgeoisie in jeder Beziehung zu völliger Selbständigkeit gekommen war. Die Kolonialpolitik selbst, die den Kapitalismus so förderte, gab auch den Feudalherren neue Kräfte.

Dazu kam, dass aus den schon erwähnten Gründen in England das stehende Heer keine starke Entfaltung erreichte. Das hinderte wieder das Aufkommen einer starken, zentralen Regierungsgewalt. Die Bürokratie blieb schwach, die Selbstverwaltung der herrschenden Klassen behielt neben ihr große Kraft. Das bedeutete aber, dass die Klassenkämpfe sich nur wenig zentralisierten, sich vielfach zersplitterten.

Alles das bewirkte, dass der Geist des Kompromisses zwischen Altem und Neuem das ganze Leben und Denken durchdrang. Die Denker und Vorkämpfer der aufstrebenden Klassen wandten sich nicht grundsätzlich gegen das Christentum, die Aristokratie, die Monarchie, ihre Parteien stellten keine großen Programme auf. Sie trachteten nicht danach, ihre Gedanken zu Ende zu denken, sie zogen es vor, anstelle umfassender Programme nur bestimmte, vom Augenblick praktisch gebotene Einzelmaßregeln zu verfechten. Beschränktheit und Konservatismus, Überschätzung der Kleinarbeit in der Politik wie in der Wissenschaft, Ablehnung jeden Strebens nach Gewinnung eines weiten Horizonts durchdrangen alle Klassen.

Ganz anders war die Situation in Frankreich. Dies Land war ökonomisch viel rückständiger, seine kapitalistischen Industrien vorwiegend Luxusindustrien, Kleinbürger und Intellektuelle vorherrschend. Doch den Ton gaben Kleinbürger und Intellektuelle einer Großstadt an, wie Paris, und solche Städte mit einer halben Million Einwohnern und mehr gab es bis zur Einführung der Eisenbahnen nur wenige, und sie spielten eine ganz andere Rolle als heute. Die Armeen konnten vor dem Aufkommen der Eisenbahnen, die erst rasche Massentransporte ermöglichten, nur geringfügig sein. Sie waren im Lande zerstreut, nicht rasch zusammenzuziehen, ihrer Ausrüstung gegenüber die Volksmassen keineswegs so wehrlos wie heutzutage. Gerade die Pariser hatten sich denn auch stets durch besondere Widerhaarigkeit ausgezeichnet, lange vor der großen Revolution schon zu wiederholten Malen in bewaffnetem Aufstand der Regierung Konzessionen abgetrotzt.

Vor der Einführung der allgemeinen Schulpflicht, der Verbesserung des Postwesens durch Eisenbahnen und Telegrafen, der Verbreitung der täglichen Zeitungen im

Lande, war aber auch geistig die Überlegenheit der großstädtischen Bevölkerung über das übrige Land und daher ihr geistiger Einfluss ungeheuer groß. Der gesellige Verkehr bot damals für die Masse der Ungelehrten die einzige Möglichkeit sich zu bilden, vor allem politisch, aber auch künstlerisch, selbst wissenschaftlich. Wie viel größer war diese Möglichkeit in der Großstadt, wie in den Landstädtchen und Dörfern. Alles was Geist hatte in Frankreich, drängte nach Paris, ihn zu betätigen und zu entfalten. Alles, was sich in Paris betätigte, wurde von einem höheren Geiste erfüllt.

Und nun sah diese kritische, übermütige, kühne Bevölkerung einen unerhörten Zusammenbruch der Staatsgewalt und der herrschenden Klassen.

Dieselben Ursachen, die in Frankreich die ökonomische Entwicklung hemmten, förderten das Abwirtschaften des Feudalismus und des Staates. So kostete vor allem die Kolonialpolitik dem Staat unendliche Opfer. Sie brach seine militärische und finanzielle Kraft und beschleunigte den wirtschaftlichen Ruin namentlich der Bauern, aber auch der Aristokraten. Staat, Adel, Kirche waren politisch, moralisch und, mit Ausnahme der Kirche, auch finanziell bankerott, wussten aber gleichwohl ihre erdrückende Herrschaft bis aufs Äußerste zu behaupten dank der Gewalt, die die Regierung durch das stehende Heer und eine ausgedehnte Bürokratie in ihren Händen zentralisiert hatte, und dank der völligen Aufhebung jeder selbsttätigen Organisation im Volke.

Das führte schließlich zu jener kolossalen Katastrophe, die wir als die große französische Revolution kennen und in der zeitweise die Kleinbürger und Proletarier von Paris dahin kamen, ganz Frankreich zu beherrschen, ganz Europa die Stirne zu bieten. Aber früher schon führte der zunehmende schroffe Gegensatz zwischen den Bedürfnissen der von der liberalen Bourgeoisie geführten Volksmasse und denen des von der Staatsgewalt geschützten Aristokraten- und Pfaffentums zu radikalster Überwindung alles Bestehenden im Denken. Aller überkommenen Autorität wurde der Krieg erklärt. Materialismus und Atheismus, in England bloße Luxusliebhabereien eines verkommenen Adels, die mit dem Siege des Bürgertums rasch verschwanden, wurden in Frankreich die Denkweise gerade der kühnsten Reformer aus den aufstrebenden Klassen. Und wenn nirgends so sehr wie in England die ökonomische Wurzel der Klassengegensätze und Klassenkämpfe zutage trat, so war nirgends so klar wie im Frankreich der Revolution die Tatsache zu erkennen, dass aller Klassenkampf ein Kampf um die politische Macht ist, dass sich die Aufgabe jeder großen politischen Partei nicht in einer oder der anderen Reform erschöpft, sondern stets die Eroberung der politischen Macht im Auge behalten muss, und dass diese Eroberung, wenn sie durch eine bisher unterjochte Klasse vollzogen wird, stets eine Änderung des ganzen gesellschaftlichen Getriebes nach sich zieht. War in der ersten Hälfte des 19. Jahrhunderts in England das *ökonomische*, so in Frankreich das *politische* Denken am höchsten entwickelt. Wurde England vom Geiste des *Kompromisses* beherrscht, so Frankreich von dem des *Radikalismus*; gedieh in England die Kleinarbeit des langsamen *organisatorischen Aufbaues*, so in Frankreich die alles mit sich fortreißende *revolutionäre Leidenschaft*.

Dem radikalen, kühnen Handeln ging radikales, kühnes Denken voraus, dem nichts heilig war, das unerschrocken und rücksichtslos jede Erkenntnis bis zu ihren letzten Konsequenzen verfolgte, jeden Gedanken zu Ende dachte.

Aber so glänzend und hinreißend die Ergebnisse dieses Denkens und Handelns waren, es entwickelte auch die Fehler seiner Vorzüge. Voll Ungeduld, gleich zu den letzten, äußersten Zielen zu gelangen, ließ es sich nicht Zeit, sie vorzubereiten. Voll Eifer, die Festung des Staates durch revolutionären Elan zu erstürmen, versäumte es die organisatorische Vorarbeit ihrer Belagerung. Und der Drang, zu den letzten und höchsten Wahrheiten vorzudringen, verführte leicht zu den übereiltesten Schlüssen aufgrund eines völlig unzureichenden Materials, setzte anstelle des geduldigen Forschens das Gefallen an geistreichen, überraschenden Einfällen. Es erwuchs die Sucht, die unendliche Fülle des Lebens durch ein paar einfache Formeln und Schlagworte zu meistern. Britischer Nüchternheit trat gallischer Phrasenrausch entgegen.

Wieder anders war die Situation in Deutschland.

Dort hatte sich der Kapitalismus noch weit weniger entwickelt als in Frankreich, denn es war von der großen Verkehrsstraße des Welthandels Europas, dem Atlantischen Ozean, fast völlig abgeschnitten und erholte sich daher nur langsam von den grauenvollen Verwüstungen des Dreißigjährigen Krieges. Weit mehr noch als Frankreich war Deutschland ein kleinbürgerliches Land, dabei aber ein Land ohne eine starke staatliche Zentralgewalt. In unzählige Kleinstaaten zersplittert hatte es keine große Hauptstadt aufzuweisen, Kleinstaaterei und Kleinstädterei machten sein Kleinbürgertum beschränkt, schwach und feig. Der schließliche Zusammenbruch des Feudalismus wurde nicht durch eine Erhebung von innen, sondern durch eine Invasion von außen vollbracht. Nicht deutsche Bürger, sondern französische Soldaten fegten ihn aus den wichtigsten Teilen Deutschlands hinaus.

Wohl erregten die großen Erfolge des aufsteigenden Bürgertums in England und Frankreich auch das deutsche Bürgertum. Aber dem Tatendrang der energischsten und intelligentesten seiner Elemente blieb jedes der Gebiete verschlossen, die das Bürgertum des westlichen Europas eroberte. Sie konnten keine großen kommerziellen und industriellen Unternehmungen begründen und leiten, nicht in Parlamenten und einer machtvollen Presse in die Geschicke des Staates eingreifen, nicht Flotten und Armeen kommandieren. Die Wirklichkeit war für sie trostlos, ihnen blieb nichts übrig als die Abkehr von der Wirklichkeit im reinen Denken und die Verklärung der Wirklichkeit durch die Kunst. Auf diese Gebiete warfen sie sich mit aller Kraft, hier schufen sie Großes, hier überragte das deutsche Volk Frankreich und England. Während diese einen Pitt und Fox und Burke produzierten, einen Mirabeau, Danton, Robespierre, einen Nelson und einen Napoleon, brachte Deutschland einen Schiller hervor, einen Goethe, Kant, Fichte, Hegel.

Das Denken wurde die vornehmste Beschäftigung der großen Deutschen, die Idee gestaltete sich ihnen zum Beherrscher der Welt, die Umwälzung des Denkens zum Mittel, die Welt umzuwälzen. Je erbärmlicher und beschränkter die Wirklichkeit, desto mehr suchte sich das Denken über sie zu erheben, ihre Schranken zu überwinden, die gesamte Unendlichkeit zu erfassen.

Während die Engländer die besten Methoden ersannen für den Siegeszug ihrer Flotten und Industrien, die Franzosen die besten Methoden zum Siegeszug ihrer Armeen und ihrer Insurrektionen, ersannen die Deutschen die besten Methoden zum Siegeszug des Denkens und Forschens.

Aber auch dieser Siegeszug hatte wie der französische und englische seine Nachteile im Gefolge, für die Theorie wie für die Praxis. Die Abkehr von der Wirklichkeit erzeugte Weltfremdheit und eine Überschätzung der Ideen, die Leben und Kraft für sich bekamen, unabhängig von den Köpfen der Menschen, die sie erzeugten und die sie zu verwirklichen hatten. Man begnügte sich damit, in der Theorie Recht zu behalten und versäumte es, nach

Macht zu streben, um die Theorie zur Anwendung zu bringen. So tief die deutsche Philosophie, so gründlich die deutsche Wissenschaft, so schwärmerisch der deutsche Idealismus war, so herrliches sie schufen, darunter verbarg sich unsägliche praktische Ohnmacht und völliger Verzicht auf jedes Streben nach Macht. Die deutschen Ideale waren weit erhobener als die französischen oder gar die englischen. Aber man tat keinen Schritt, ihnen näher zu kommen. Man konstatierte von vornherein, dass das Ideal das Unerreichbare sei.

Wie den Engländern der Konservatismus, den Franzosen die radikale Phrase, hängt den Deutschen der tatenlose Idealismus bis heute noch einigermaßen nach. Allerdings, die großindustrielle Entwicklung der letzten Jahrzehnte hat ihn stark eingeschränkt, früher schon aber fand er eine Gegenwirkung im Eindringen des französischen Geistes nach der Revolution. Der Mischung französischen revolutionären Denkens mit deutscher philosophischer Methode verdankt Deutschland einige seiner größten Geister – man erinnere sich nur an Heinrich Heine und Ferdinand Lassalle.

Aber noch gewaltiger war das Ergebnis, als diese Mischung mit englischer ökonomischer Erkenntnis befruchtet wurde. Dem verdanken wir die Leistung von Engels und Marx.

Sie erkannten, wie sehr Ökonomie und Politik, organisatorische Kleinarbeit und revolutionärer Sturm und Drang einander bedingen, wie die Kleinarbeit unfruchtbar bleibt ohne großes Ziel, in dem sie ihre ständige Richtschnur und ihre Anfeuerung findet, wie dieses Ziel in der Luft schwebt ohne vorherige Kleinarbeit, die erst die nötige Macht zu seiner Erringung schafft. Sie erkannten aber auch, dass ein solches Ziel nicht aus bloßem revolutionären Bedürfnis geboren werden darf, soll es von Illusionen und Selbstberauschung frei bleiben, dass es zu gewinnen ist durch die gewissenhafteste Anwendung der Methoden wissenschaftlicher Forschung, dass es stets im Einklang stehen muss mit dem Gesamtwissen der Menschheit. Sie erkannten ferner, dass die Ökonomie die Grundlage der gesellschaftlichen Entwicklung bildet, dass in ihr die Gesetze zu finden sind, nach denen sich diese Entwicklung notwendig vollzieht.

England bot ihnen das meiste tatsächliche ökonomische Material, die Philosophie Deutschlands die beste Methode, aus diesem Material das Ziel der gegenwärtigen gesellschaftlichen Entwicklung abzuleiten; die Revolution Frankreichs endlich zeigte ihnen am deutlichsten, wie wir für die Erreichung dieses Ziels Macht, namentlich politische Macht, zu gewinnen haben.

So schufen sie den modernen wissenschaftlichen Sozialismus durch die Vereinigung alles Großen und Fruchtbaren im englischen, französischen, deutschen Denken zu einer höheren Einheit.

Karl Marx' Geburtshaus im Jahre 1818

5. Die Vereinigung von Arbeiterbewegung und Sozialismus

Die materialistische Geschichtsauffassung bedeutet für sich allein schon eine Epoche. Von ihr beginnt eine neue Ära der Wissenschaft, trotz allen Sträubens der bürgerlichen Gelehrsamkeit. Aber sie bedeutet eine Epoche nicht bloß in der Geschichte des *Denkens*, sondern auch in der Geschichte des *Kämpfens* um die gesellschaftliche Fortentwicklung, in der Geschichte der Politik im weitesten und höchsten Sinne des Wortes. Denn durch sie wurde die Vereinigung von Arbeiterbewegung und Sozialismus vollzogen und damit dem proletarischen Klassenkampf die höchste Kraft verliehen, deren er fähig ist.

Arbeiterbewegung und Sozialismus sind von Haus aus keineswegs eins. Die Arbeiterbewegung entsteht mit Notwendigkeit ohne Weiteres von selbst als Widerstand gegen den industriellen Kapitalismus, wo immer dieser auftritt, die arbeitenden Massen enteignet, knechtet, aber auch in großen Unternehmungen und industriellen Städten zusammendrängt und vereinigt. Die urwüchsigste Form der Arbeiterbewegung ist die rein ökonomische, der Kampf um Lohn und Arbeitszeit, der zuerst bloß die Form einfacher Ausbrüche der Verzweiflung, unvorbereiteter Emeuten annimmt, bald aber durch *gewerkschaftliche Organisationen* in höhere Formen übergeführt wird. Daneben tritt früh der *politische Kampf* auf. Die Bourgeoisie selbst bedarf in ihren Kämpfen gegen den Feudalismus der proletarischen Hilfe und ruft sie für sich auf. Dabei lernen die Arbeiter bald die Bedeutung politischer Freiheit und politischer Macht für ihre eigenen Zwecke schätzen. Namentlich das allgemeine Wahlrecht wird in England und Frankreich frühzeitig der Gegenstand des politischen Strebens der Proletarier und es führt in England in den dreißiger Jahren schon zur Bildung einer proletarischen Partei, der der Chartisten.

Früher schon ersteht der Sozialismus. Aber keineswegs im Proletariat. Wohl ist er ebenso wie die Arbeiterbewegung ein Produkt des Kapitalismus; jener entspringt wie diese aus dem Drang, dem Elend entgegenzuwirken, das die kapitalistische Ausbeutung über die arbeitenden Klassen verhängt. Indes entsteht die Abwehr des Proletariats in der Arbeiterbewegung überall von selbst, wo eine zahlreiche Arbeiterbevölkerung sich versammelt, dagegen setzt der Sozialismus eine tiefe Einsicht in das Wesen der modernen Gesellschaft voraus. Jeder Sozialismus beruht auf der Erkenntnis, dass auf dem Boden der bürgerlichen Gesellschaft dem kapitalistischen Elend ein Ende nicht bereitet werden kann, dass dieses Elend auf dem Privateigentum an den Produktionsmitteln beruht und nur mit ihm verschwinden wird. Darin sind sich alle sozialistischen Systeme einig, sie weichen voneinander nur ab in den Wegen, die sie eingeschlagen wissen wollen, um die Aufhebung dieses Privateigentums zu erreichen, und in den Vorstellungen, die sie von dem neuen gesellschaftlichen Eigentum hegen, das an dessen Stelle treten soll.

So naiv auch mitunter die Erwartungen und Vorschläge der Sozialisten sein mochten, die Erkenntnis, auf der sie fußten, setzte ein gesellschaftliches Wissen voraus, wie es dem Proletariat in den ersten Jahrzehnten des neunzehnten Jahrhunderts noch völlig unzugänglich war. Wohl konnte zu sozialistischer Erkenntnis nur ein Mann kommen, der es vermochte, sich auf den Boden des Proletariats zu stellen, von dessen Standpunkt aus die bürgerliche Gesellschaft zu betrachten. Aber es konnte auch nur einer sein, der die Mittel der Wissenschaft beherrschte, die damals noch weit mehr als heute bloß den bürgerlichen Kreisen zugänglich waren. So natürlich und selbstverständlich sich die Arbeiterbewegung aus der kapitalistischen Produktion überall entwickelt, wo diese eine gewisse Höhe erreicht, der Sozialismus hatte in seiner Entwicklung nicht bloß den Kapitalismus, sondern daneben noch ein Zusammentreffen außerordentlicher Umstände zur Voraussetzung, das nur selten eintrat. Überall aber konnte der Sozialismus zunächst nur aus einem bürgerlichen Milieu erstehen. In England ist sogar bis vor Kurzem noch der Sozialismus vornehmlich von bürgerlichen Elementen propagiert worden.

Diese Ursache erschien als ein Widerspruch zur Marxschen Theorie des Klassenkampfes, sie wäre ein solcher aber nur dann, wenn die K l a s s e der Bourgeoisie jemals irgendwo sich den Sozialismus zu eigen gemacht oder wenn Marx es für unmöglich erklärt hätte, dass einzelne nichtproletarische Individuen aus besonderen Gründen den Standpunkt des Proletariats akzeptieren könnten.

Marx hat stets nur behauptet, die einzige Macht, die imstande sei, dem Sozialismus zum Durchbruch zu verhelfen, bilde die Arbeiterklasse. Mit anderen Worten, das Proletariat kann sich nur aus eigener Kraft befreien. Damit ist aber keineswegs gesagt, dass nur Proletarier ihm den Weg dahin zu weisen vermöchten.

Dass der Sozialismus nichts ist, wenn er nicht getragen wird von einer starken Arbeiterbewegung, bedarf heute keines Beweises mehr. Nicht so klar liegt die Kehrseite der Medaille zutage, dass die Arbeiterbewegung ihre volle Kraft nur entfalten kann, wenn sie den Sozialismus begriffen und angenommen hat.

Der Sozialismus ist nicht das Produkt einer außerhalb von Zeit und Raum und allen Klassenunterschieden stehenden Ethik, er ist im Grunde stets nichts anderes, als die Wissenschaft von der Gesellschaft, ausgehend vom Standpunkt des Proletariats. Die Wissenschaft dient aber nicht bloß zur Stillung unserer *Neu-* und *Wissbegierde* nach Erkenntnis des Unbekannten, Geheimnisvollen, sondern sie hat auch einen ökonomischen Zweck: den der *Kraftersparnis*. Sie ermöglicht es dem Menschen, sich in der Wirklichkeit leichter zurechtzufinden, seine Kräfte zweckmäßiger anzuwenden, jeden nutzlosen Kraftaufwand zu vermeiden und so jederzeit das Maximum dessen zu leisten und zu erreichen, was unter den gegebenen Verhältnissen zu leisten und zu erreichen ist. In ihren Ausgangspunkten dient die Wissenschaft direkt und bewusst solchen Zwecken der Ökonomie der Kräfte. Je mehr sie sich entwickelt und von ihrem Ausgangspunkt entfernt, desto mehr Zwischenglieder treten zwischen die Tätigkeit ihrer Forschung und ihre praktische Wirkung. Doch der Zusammenhang beider kann dadurch nur verschleiert, nicht aber aufgehoben werden.

So dient auch die Gesellschaftswissenschaft des Proletariats, der Sozialismus, dazu, die zweckmäßigste Anwendung seiner Kräfte und damit seine höchste Kraftentfaltung zu ermöglichen: Sie erreicht diese natürlich umso mehr, je vollkommener sie selbst ist, je tiefer die Erkenntnis der Wirklichkeit, die sie erschließt.

Die sozialistische Theorie ist keineswegs die müßige Spielerei einiger Stubengelehrten, sondern eine sehr praktische Sache für das kämpfende Proletariat.

Seine Hauptwaffe bildet die Zusammenfassung seiner Gesamtmasse in gewaltigen, selbständigen, von allen bürgerlichen Einflüssen freien Organisationen. Das vermag es nicht zu erreichen ohne eine sozialistische Theorie, die allein imstande ist, das gemeinsame proletarische Interesse in der bunten Mannigfaltigkeit der verschiedenen proletarischen Schichten herauszufinden und sie alle zusammen von der bürgerlichen Welt scharf und dauernd zu trennen.

Zu dieser Leistung ist jene naive, jeder Theorie bare Arbeiterbewegung unfähig, die sich von selbst in arbeitenden Klassen gegen den anwachsenden Kapitalismus erhebt.

Sehen wir z.B. die Gewerkschaften an. Es sind Berufsvereine, die die nächsten Interessen ihrer Mitglieder zu wahren suchen. Aber wie verschieden sind diese Interessen bei den einzelnen Berufen, wie ganz anders bei den Seeleuten als den Kohlengräbern, bei den Droschkenkutschern als den Schriftsetzern! Ohne sozialistische Theorie vermögen sie die Gemeinsamkeit ihrer Interessen nicht zu erkennen, stehen die einzelnen Proletarierschichten einander fremd, mitunter sogar feindlich gegenüber.

Da aber die Gewerkschaft nur die nächsten Interessen ihrer Mitglieder vertritt, steht sie auch nicht ohne Weiteres im Gegensatz zur gesamten bürgerlichen Welt, sondern zunächst nur zu den Kapitalisten ihres Berufs. Es gibt nun neben diesen Kapitalisten eine ganze Reihe von bürgerlichen Elementen, die wohl ihre Existenz direkt oder indirekt aus der Ausbeutung von Proletariern ziehen, daher an der bürgerlichen Gesellschaftsordnung interessiert sind und jedem Versuch entgegentreten werden, der proletarischen Ausbeutung ein Ende zu machen, die aber durchaus kein Interesse daran haben, dass gerade die Arbeitsverhältnisse in dem oder jenem Beruf besonders ungünstige sind. Ob der Spinner von Manchester 2 oder 2½ Schilling im Tag verdiente, ob er 10 oder 12 Stunden im Tag arbeitete, mochte einem Großgrundbesitzer, einem Bankier, einem Zeitungsbesitzer, einem Advokaten ganz gleichgültig sein, wenn sie nicht Spinnereiaktien besaßen. Diese mochten daran ein Interesse haben, den Gewerkschaften bestimmte Konzessionen zu machen, um dafür politische Gegendienste von ihnen zu gewinnen. So erstand dort, wo die Gewerkschaften nicht durch eine sozialistische Theorie aufgeklärt wurden, die Möglichkeit, dass sie Zwecken dienstbar gemacht wurden, die nichts weniger als proletarische waren.

Aber noch Schlimmeres war möglich und kam vor. Nicht alle proletarischen Schichten sind imstande, sich der gewerkschaftlichen Organisation zu bemächtigen. Es bildet sich im Proletariat der Unterschied zwischen organisierten und nichtorganisierten Arbeitern. Wo jene von sozialistischem Denken erfüllt sind, werden sie die kampffähigsten Teile des Proletariats, die Vorkämpfer seiner Gesamtheit. Wo ihnen dieses Denken fehlt, werden sie nur zu leicht zu Aristokraten, die nicht nur jedes Interesse für die unorganisierten Arbeiter verlieren, sondern oft sogar in Gegensatz zu ihnen treten, ihnen die Organisation erschweren, um deren Vorteile zu monopolisieren. Die unorganisierten Arbeiter aber sind zu jedem Kampfe, jedem Aufstieg unfähig ohne die Hilfe der organisierten. Sie verfallen ohne deren Unterstützung umso mehr ins Elend, je mehr diese emporsteigen. So kann die gewerkschaftliche Bewegung trotz aller Stärkung einzelner Schichten sogar eine direkte Schwächung des gesamten Proletariats herbeiführen, wenn sie nicht von sozialistischem Geiste erfüllt ist.

Aber auch die p o l i t i s c h e Organisation des Proletariats kann ohne diesen Geist nicht ihre volle Kraft entfalten. Das bezeugt deutlich die erste Arbeiterpartei, der 1835 geborene C h a r t i s m u s in England. Wohl enthielt dieser einzelne sehr weitgehende und weitblickende Elemente, aber in seiner Gesamtheit verfolgte er doch kein bestimmtes sozialistisches Programm, sondern nur einzelne, praktisch ohne Weiteres erreichbare Ziele, vor allem das allgemeine Wahlrecht, das freilich nicht Selbstzweck sein sollte, sondern Mittel zum Zweck; aber dieser bestand für die Gesamtmasse der Chartisten auch wieder nur in nächstliegenden ökonomischen Einzelforderungen, vor allem dem zehnstündigen Normalarbeitstag.

Das hatte zunächst den Nachteil, dass die Partei keine reine Klassenpartei wurde. Das allgemeine Wahlrecht war eine Sache, die auch die Kleinbürger interessierte.

Manchem dürfte es als ein Vorteil erscheinen, wenn das Kleinbürgertum sich als solches der Arbeiterpartei anschließt. Aber diese wird dadurch nur zahlreicher, nicht stärker. Das Proletariat hat seine eigenen Interessen und seine eigenen Kampfesmethoden, die sich von denen aller anderen Klassen unterscheiden. Es wird beengt durch die Vereinigung mit den andern, kann dabei nicht seine volle Kraft entfalten. Wohl sind uns Sozialdemokraten die Kleinbürger und Bauern willkommen, wenn sie sich uns anschließen wollen. Aber nur dann, wenn sie sich auf proletarischen Boden stellen, wenn sie sich als Proletarier fühlen. Dass nur solche kleinbürgerliche und kleinbäuerliche Elemente zu uns kommen, dafür sorgt unser sozialistisches Programm. Ein solches fehlte den Chartisten und so schlossen sich ihrem Wahlrechtskampf zahlreiche kleinbürgerliche Elemente an, die für die proletarischen Interessen und Kampfesmethoden ebenso wenig Verständnis wie Neigung besaßen. Die naturnotwendige Folge waren lebhafte innere Kämpfe im Chartismus, die ihn selber schwächten.

Die Niederlage der Revolution von 1848 machte dann für ein Jahrzehnt aller politischen Arbeiterbewegung ein Ende. Als sich das europäische Proletariat wieder regte, begann in der englischen Arbeiterschaft von Neuem der Kampf ums allgemeine Wahlrecht. Man durfte jetzt ein

Wiedererstehen des Chartismus erwarten. Aber da führte die englische Bourgeoisie einen Meisterstreich. Sie spaltete das englische Proletariat, gewährte den organisierten Arbeitern das Wahlrecht, löste sie so los von der Masse des übrigen Proletariats und beugte damit dem Wiederaufleben des Chartismus vor. Ein umfassendes Programm über das allgemeine Wahlrecht hinaus besaß der ja nicht. Sobald diese Forderung in einer Weise erfüllt war, die dem kampffähigen Teile der Arbeiterschaft genügte, war der Boden für ihn verschwunden. Erst in unseren Tagen, mühselig hinter den Arbeitern des europäischen Festlandes einherkriechend, gehen die Engländer daran, wieder eine selbständige Arbeiterpartei zu gründen. Aber auch heute noch haben viele von ihnen die praktische Bedeutung des Sozialismus für die volle Kraftentfaltung des Proletariats nicht begriffen und weigern sich, für ihre Partei ein Programm anzunehmen, weil dieses nur noch ein sozialistisches sein könnte! Sie warten, bis die Logik der Tatsachen es ihnen aufzwingt. Erst wenn die neue Arbeiterpartei ganz von sozialistischer Erkenntnis durchdrungen ist, wird die Arbeiterbewegung Englands ihre volle Kraft entfalten und in höchstem Maße fruchtbringend wirken können.

Heute sind allenthalben schon die Bedingungen für die so notwendige Vereinigung von Arbeiterbewegung und Sozialismus gegeben. Sie fehlten in den ersten Jahrzehnten des 19. Jahrhunderts.

Die Arbeiter wurden damals durch den ersten Ansturm des Kapitalismus so niedergeworfen, dass sie sich seiner kaum zu erwehren wussten. Genug, dass sie sich auf primitive Weise zur Wehr setzten. Zu tiefen, gesellschaftlichen Studien fehlte ihnen alle Möglichkeit. Die bürgerlichen Sozialisten sahen daher im Elend, das der Kapitalismus verbreitet, nur die eine Seite, die niederdrückende, nicht die andere, die aufstachelnde, zum revolutionären Aufstieg des Proletariats anspornende. Sie glaubten, nur e i n Faktor sei da, der die Befreiung des Proletariats durchzusetzen vermöge: das bürgerliche Wohlwollen. Sie bewerteten die Bourgeoisie nach sich selbst, glaubten in ihr genug Gesinnungsgenossen finden zu können, um imstande zu sein, sozialistische Maßregeln durchzuführen.

Ihre sozialistische Propaganda fand auch anfangs unter den bürgerlichen Philanthropen vielfachen Anklang. Die Bourgeois sind ja im Durchschnitt keine Unmenschen, das Elend rührt sie, soweit sie daraus keinen Nutzen ziehen, sie möchten ihm gerne abhelfen. Indes, so weich sie der l e i d e n d e Proletarier stimmt, so hart der k ä m p f e n d e. Sie fühlen, dass dieser an der Wurzel ihrer Existenz rüttelt. Das b e t t e l n d e Proletariat genießt ihre Sympathien, das f o r d e r n d e empört sie zu wilder Feindschaft. So empfanden es die Sozialisten sehr unangenehm, dass die Arbeiterbewegung ihnen jenen Faktor zu rauben drohte, auf den sie am meisten bauten: Die Sympathien des »wohlmeinenden Bürgertums« für die Besitzlosen.

Sie sahen umso mehr in der Arbeiterbewegung ein störendes Element, je geringer ihr Zutrauen zum Proletariat war, das damals im Allgemeinen noch eine sehr niedrig stehende Masse bildete, und je deutlicher sie die Unzulänglichkeit der naiven Arbeiterbewegung erkannten. So kamen sie nicht selten dahin, sich geradezu gegen die Arbeiterbewegung zu wenden, zum Beispiel nachzuweisen wie unnütz die Gewerkschaften seien, die nur den Arbeitslohn erhöhen wollten, statt das Lohnsystem selbst zu bekämpfen, die Wurzel alles Übels.

Allmählich bereitete sich jedoch ein Umschwung vor. In den vierziger Jahren war die Arbeiterbewegung so weit, eine Reihe höchst begabter Köpfe hervorzubringen, die sich des Sozialismus bemächtigten und in ihm die proletarische Wissenschaft von der Gesellschaft erkannten. Diese

Arbeiter wussten bereits aus eigener Erfahrung, dass sie auf die Menschenfreundlichkeit der Bourgeoisie nicht zu rechnen hätten. Sie erkannten, dass das Proletariat sich selbst befreien müsse. Daneben kamen auch bürgerliche Sozialisten zur Erkenntnis, dass auf die Großmut der Bourgeoisie kein Verlass sei. Freilich, zum Proletariat gewannen sie doch kein Vertrauen. Seine Bewegung erschien ihnen nur als zerstörende Kraft, die alle Kultur bedrohte. Sie glaubten nur bürgerliche Intelligenz könne eine sozialistische Gesellschaft aufbauen, die Triebkraft dazu aber sahen sie nicht mehr in dem Mitleid mit dem duldenden, sondern in der Furcht vor dem anstürmenden Proletariat. Sie erkannten bereits dessen gewaltige Kraft und begriffen, dass die Arbeiterbewegung notwendigerweise aus der kapitalistischen Produktionsweise hervorgehe, dass sie innerhalb dieser Produktionsweise immer mehr wachsen werde. Sie hofften die Furcht vor der anwachsenden Arbeiterbewegung werde das intelligente Bürgertum veranlassen, ihr durch sozialistische Maßregeln ihre Gefährlichkeit zu nehmen.

Das war ein gewaltiger Fortschritt, indes konnte die Vereinigung von Sozialismus und Arbeiterbewegung aus dieser letzteren Anschauung immer noch nicht entspringen. Den sozialistischen Arbeitern aber fehlte trotz aller Genialität einiger von ihnen doch das umfassende Wissen, dessen es bedurfte, um eine neue, höhere Theorie des Sozialismus zu begründen, in der er mit der Arbeiterbewegung organisch verbunden wurde. Sie vermochten nur den alten bürgerlichen Sozialismus, den Utopismus, zu übernehmen und ihn ihren Bedürfnissen anzupassen.

Am weitesten dabei kamen jene proletarischen Sozialisten, die an den Chartismus oder an die Französische Revolution anknüpften. Namentlich letztere gewannen für die Geschichte des Sozialismus große Wichtigkeit. Die große Revolution hatte deutlich die Bedeutung gezeigt, welche die Eroberung der Staatsgewalt für die Befreiung einer Klasse gewinnen kann. In dieser Revolution war aber auch, dank eigenartigen Umständen, eine kraftvolle politische Organisation, der Jakobinerklub, dahin gelangt, durch eine Schreckensherrschaft der mit proletarischen Elementen stark versetzten Kleinbürger ganz Paris und durch dieses ganz Frankreich zu beherrschen. Und noch während der Revolution selbst hatte bereits Baboeuf die Konsequenz davon in rein proletarischem Sinne gezogen und versucht, durch eine Verschwörung die Staatsgewalt für eine kommunistische Organisation zu erobern und ihr dienstbar zu machen.

Die Erinnerung daran war in den französischen Arbeitern nie erstorben. Die Eroberung der Staatsgewalt wurde für die proletarischen Sozialisten frühzeitig das Mittel, durch das sie die Kraft zur Durchführung des Sozialismus gewinnen wollten. Aber angesichts der Schwäche und Unreife des Proletariats wussten sie keinen anderen Weg zur Eroberung der Staatsgewalt als den Putsch einer Anzahl Verschworener, der die Revolution entfesseln sollte. Unter den Vertretern dieses Gedankenganges in Frankreich ist am bekanntesten Blanqui geworden. Ähnliche Ideen vertrat in Deutschland Weitling.

Andere Sozialisten knüpften auch an die Französische Revolution an. Aber der Putsch erschien ihnen ein wenig geeignetes Mittel, die Herrschaft des Kapitals zu stürzen. Ebenso wenig wie die eben erwähnte Richtung rechnete aber auch diese auf die Kraft der Arbeiterbewegung. Sie half sich damit, dass sie übersah, wie sehr das Kleinbürgertum auf derselben Grundlage des Privateigentums an den Produktionsmitteln beruht wie das Kapital. Sie glaubte, die Proletarier würden ihre Auseinandersetzung mit den Kapitalisten vollziehen können ohne Störung durch das

Kleinbürgertum, das »Volk«, ja unter dessen Beihilfe. Man bedurfte nur der Republik und des allgemeinen Wahlrechts, um die Staatsgewalt zu sozialistischen Maßregeln zu veranlassen.

Dieser republikanische Aberglaube, dessen vornehmster Vertreter Louis Blanc war, fand in Deutschland ein Gegenstück in dem monarchischen Aberglauben des sozialen Königtums, wie ihn ein paar Professoren und sonstige Ideologen hegten.

Dieser monarchische Staatssozialismus war stets nur eine Schrulle, hie und da auch eine demagogische Phrase. Ernsthafte praktische Bedeutung hat er nie gewonnen. Wohl aber war das mit den von Blanqui und Louis Blanc vertretenen Richtungen der Fall. Sie erlangten die Kraft, Paris zu beherrschen in den Tagen der Februarrevolution 1848.

In der Person Proudhons erstand ihnen ein gewaltiger Kritiker. Er zweifelte am Proletariat wie am Staate und an der Revolution. Er erkannte wohl, dass das Proletariat sich selbst befreien müsse, aber er sah auch, dass, wenn es für seine Befreiung kämpfte, es den Kampf auch mit der Staatsgewalt und um die Staatsgewalt aufnehmen müsse, denn selbst der rein ökonomische Kampf hing von der Staatsgewalt ab, wie die Arbeiter damals auf Schritt und Tritt bei dem Mangel jeglicher Koalitionsfreiheit fühlten. Da Proudhon nun den Kampf um die Staatsgewalt für aussichtslos hielt, riet er dem Proletariat, sich bei seinen emanzipatorischen Bestrebungen jeglichen Kampfes zu enthalten und nur die Mittel friedlicher Organisation zu versuchen, wie z.B. Tauschbanken, Versicherungskassen und ähnliche Einrichtungen. Für die Gewerkschaften hatte er ebenso wenig Verständnis wie für die Politik.

So bildeten Arbeiterbewegung und Sozialismus und alle Versuche, die beiden in ein engeres Verhältnis zueinander zu bringen, in dem Jahrzehnt, in dem Marx und Engels ihren Standpunkt und ihre Methode bildeten, ein Chaos der mannigfaltigsten Strömungen, von denen jeder ein Stückchen des Richtigen entdeckt hatte, keine dies völlig zu umfassen vermochte, jede früher oder später mit einem Misserfolg enden musste.

Was diese Richtungen nicht vermochten, das gelang der materialistischen Geschichtsauffassung, die damit neben ihrer großen Bedeutung für die Wissenschaft eine nicht minder große für die tatsächliche Entwicklung der Gesellschaft gewann. Sie erleichterte die Umwälzung der einen wie der andern.

Wie die Sozialisten ihrer Zeit erkannten auch Marx und Engels, dass die Arbeiterbewegung unzulänglich erscheint, wenn man sie dem Sozialismus *entgegenstellt* und fragt: welches Mittel ist geeigneter, dem Proletarier eine sichere Existenz und Aufhebung jeglicher Ausbeutung zu verschaffen, Arbeiterbewegung (Gewerkschaften, Kampf ums Wahlrecht usw.) *oder* Sozialismus? Aber sie erkannten auch, dass diese Frage ganz falsch gestellt war. Sozialismus und sichere Existenz des Proletariats sowie Aufhebung jeglicher Ausbeutung sind gleichbedeutend. Die Frage ist nur die: Wie gelangt das Proletariat zum Sozialismus? Und da antwortete die Lehre vom Klassenkampf: durch die Arbeiterbewegung.

Wohl ist diese zunächst nicht imstande, dem Proletarier eine sichere Existenz und die Aufhebung jeglicher Ausbeutung zu verschaffen, aber sie ist das unerlässlichste Mittel, nicht bloß die einzelnen Proletarier vor dem Versinken im Elend zu bewahren, sondern auch der gesamten Klasse zusehends immer größere Macht zuzuführen, intellektuelle, ökonomische, politische Macht, Macht, die immer wächst, wenn auch gleichzeitig die Ausbeutung des Proletariats zunimmt. Nicht nach ihrer Bedeutung für das

Einschränken der Ausbeutung, sondern nach ihrer Bedeutung für den Zuwachs an Macht des Proletariats ist die Arbeiterbewegung zu bemessen. Nicht aus der Verschwörung Blanquis, aber auch nicht aus dem demokratischen Staatssozialismus Louis Blancs, noch aus den friedlichen Organisationen Proudhons, sondern nur aus dem Klassenkampf, der Jahrzehnte, ja, Generationen hindurch zu dauern hat, ersteht die Kraft, die den Sozialismus schließlich zum Durchbruch bringen kann und muss. Den ökonomischen und politischen Klassenkampf zu führen, seine Kleinarbeit aufs Eifrigste zu pflegen, sie aber auch mit den Gedanken eines weitblickenden Sozialismus zu erfüllen, die Organisationen und Betätigungen des Proletariats dadurch einheitlich und harmonisch zu einem ungeheuren Ganzen zusammenzufassen, das immer unwiderstehlicher anschwillt – das ist nach Marx und Engels die Aufgabe eines jeden, der, mag er Proletarier sein oder nicht, sich auf den Standpunkt des Proletariats stellt und es befreien will.

Das Wachstum der Macht des Proletariats beruht aber selbst wieder in letzter Linie auf der Verdrängung der vorkapitalistischen, kleinbürgerlichen Produktionsweisen durch die kapitalistische, die die Zahl der Proletarier vermehrt, sie konzentriert, ihre Unentbehrlichkeit für die gesamte Gesellschaft steigert, gleichzeitig aber auch in dem immer mehr konzentrierten Kapital die Vorbedingungen für die gesellschaftliche Organisation der Produktion schafft, die nicht mehr willkürlich von den Utopisten zu erfinden, sondern aus der kapitalistischen Wirklichkeit zu entwickeln ist.

Durch diesen Gedankengang haben Marx und Engels die Grundlage geschaffen, auf der sich die Sozialdemokratie erhebt, die Grundlage, auf die sich immer mehr das kämpfende Proletariat des gesamten Erdkreises stellt, von der ausgehend es seinen glanzvollen Siegeszug angetreten hat.

Diese Leistung war kaum möglich, solange der Sozialismus nicht seine eigene, von der bürgerlichen unabhängige Wissenschaft besaß. Die Sozialisten vor Marx und Engels waren meistens sehr wohl vertraut mit der Wissenschaft der politischen Ökonomie, aber sie übernahmen diese kritiklos in der Form, in der sie von bürgerlichen Denkern geschaffen worden war, und unterschieden sich von diesen nur dadurch, dass sie andere, proletarierfreundliche Schlussfolgerungen daraus zogen.

Erst Marx hat die Untersuchung der kapitalistischen Produktionsweise völlig selbständig unternommen und gezeigt, wie viel tiefer und klarer sie erfasst werden kann, wenn man sie vom proletarischen Standpunkte, statt vom bürgerlichen aus betrachtet. Denn der proletarische Standpunkt steht außer und über ihr, nicht in ihr. Nur er, der den Kapitalismus als vorübergehende Form betrachtet, erlaubt es, seine besondere historische Eigenart voll zu erfassen.

Diese Großtat leistete Marx in seinem »Kapital« (1867), nachdem er mit Engels schon seinen neuen sozialistischen Standpunkt im Kommunistischen Manifest (1848) dargelegt hatte.

Damit hatte der proletarische Emanzipationskampf eine wissenschaftliche Grundlage von einer Größe und Stärke erhalten, wie sie vor ihm noch keine revolutionäre Klasse besessen hat. Aber freilich war auch noch keiner eine so riesenhafte Aufgabe zugefallen als dem modernen Proletariat; es hat die ganze Welt wieder einzurenken, die der Kapitalismus aus ihren Fugen gebracht hat. Es ist zum Glück kein Hamlet, es begrüßt diese Aufgabe nicht mit Wehklagen. Aus ihrer ungeheuren Größe schöpft es ungeheure Zuversicht und Kraft.

Friedrich Engels

6. Die Zusammenfassung der Theorie und Praxis

Die wichtigsten Leistungen, die Marx im Verein mit Engels vollbrachte, haben wir jetzt betrachtet. Aber das Bild ihres Wirkens bliebe unvollständig, wiesen wir nicht auf noch eine Seite hin, die es in hervorragendem Maße kennzeichnet: Die Verbindung von Theorie und Praxis.

Dem bürgerlichen Denken erscheint das freilich als ein Flecken auf dem blanken Schilde ihrer wissenschaftlichen Größe, vor der sich, wenn auch widerwillig, murrend und verständnislos, selbst die bürgerliche Gelehrsamkeit beugen muss. Wären sie bloße Theoretiker, Stubengelehrte gewesen, die sich damit begnügten, ihre Theorien in einer für gewöhnliche Menschen unverständlichen Sprache und in unzugänglichen Folianten auseinanderzusetzen, so hätte das noch hingehen können. Aber dass ihre Wissenschaft aus dem Kampfe geboren wurde und wieder dem Kampfe diente, dem Kampfe gegen die bestehende Ordnung, das soll ihnen die Unbefangenheit geraubt und ihre Ehrlichkeit getrübt haben.

Diese elende Auffassung kann sich einen Kämpfer nur als Advokaten vorstellen, dem seine Wissenschaft zu nichts anderem dienen soll als dazu, ihm Argumente zur Widerlegung der Gegenpartei zu liefern. Sie hat keine Ahnung davon, dass niemand ein größeres Bedürfnis nach Wahrheit hat als ein echter Kämpfer in einem furchtbaren Kampfe, den er nur dann Aussicht hat zu bestehen, wenn er seine Lage, seine Hilfsmittel, seine Aussichten in voller Klarheit erkennt. Die Richter, die die staatlichen Gesetze auslegen, können betrogen werden durch die Kniffe eines die juristische Wissenschaft beherrschenden Rabulisten. Die naturgesetzliche Notwendigkeit dagegen lässt sich nur erkennen, nicht übertölpeln und nicht bestechen.

Ein Kämpfer, der auf diesem Standpunkt steht, wird aus der Heftigkeit des Kampfes nur erhöhten Drang nach unverhüllter Wahrheit schöpfen. Aber auch den Drang, die errungene Wahrheit nicht für sich zu behalten, sondern sie den Kampfesgenossen mitzuteilen.

So schreibt denn auch Engels von der Zeit zwischen 1845 und 1848, in der er und Marx ihre neuen wissenschaftlichen Resultate gewannen, dass sie keineswegs die Absicht hatten, diese Resultate »in dicken Büchern ausschließlich der ›gelehrten‹ Welt zuzuflüstern«. Sie setzten sich vielmehr sofort mit proletarischen Organisationen in Verbindung, um in diesen für ihren Standpunkt und die ihm entsprechende Taktik Propaganda zu machen. So gelang es ihnen denn auch, einen der bedeutendsten der damaligen revolutionären Proletariervereine, den internationalen »Kommunistenbund«, für ihre Grundsätze zu gewinnen, die dann wenige Wochen vor der Februarrevolution von 1848 im Kommunistischen Manifest jenen Ausdruck fanden, der zum »Leitfaden« der proletarischen Bewegung aller Länder werden sollte.

Die Revolution berief Marx und Engels von Brüssel, wo sie weilten, zuerst nach Paris, dann nach Deutschland, wo sie nun für einige Zeit vollständig in der revolutionären Praxis aufgingen.

Der Niedergang der Revolution zwang sie von 1850 an, sehr wider ihren Willen sich ganz der Theorie zu widmen. Als aber im Beginn der sechziger Jahre die Arbeiterbewegung von Neuem auflebte, war auch Marx – Engels wurde durch private Verhältnisse zunächst gehindert – sofort wieder daran, mit voller Kraft in die praktische Bewegung einzugreifen. Er tat dies in der internationalen

Arbeiterassoziation, die 1864 begründet wurde und bald zum Schreckgespenst für das ganze bürgerliche Europa werden sollte.

Der lächerliche Polizeigeist, mit dem selbst die bürgerliche Demokratie jede proletarische Bewegung beargwöhnt, ließ die Internationale als eine ungeheure Verschwörungsgesellschaft erscheinen, die sich die Veranstaltung von Unruhen und Putschen zur einzigen Aufgabe machte. In Wirklichkeit verfolgte sie in voller Öffentlichkeit ihre Zwecke: die der Zusammenfassung der ganzen proletarischen Kräfte zu gemeinsamem Wirken, aber auch zu selbständigem Wirken, losgelöst von bürgerlicher Politik und bürgerlichem Denken mit dem Ziele der Expropriierung des Kapitals, der Eroberung aller politischen und ökonomischen Machtmittel der besitzenden Klassen durch das Proletariat. Der wichtigste und entscheidendste Schritt dabei ist die Eroberung der politischen Macht, aber die ökonomische Emanzipation der arbeitenden Klassen ist das Endziel, »dem sich jede politische Bewegung als bloßes Hilfsmittel unterzuordnen hat«.

Als das vornehmste Mittel der proletarischen Machtentfaltung betrachtet Marx die Organisation.

»Ein Element des Erfolges besitzen die Proletarier«, sagte er in der Inauguraladresse: »Die Masse (*numbers,* gewöhnlich mit »Zahlen« übersetzt, was keinen Sinn gibt). Aber die Masse fällt nur dann schwer in die Waagschale, wenn sie durch eine Organisation vereinigt und einem bewussten Ziel entgegengeführt wird.«

Ohne Ziel keine Organisation. Das gemeinsame Ziel allein kann die verschiedenen Individuen zu einer gemeinsamen Organisation vereinigen. Anderseits wirkt die Verschiedenheit der Ziele ebenso trennend, wie die Gemeinsamkeit des Ziels vereinigend.

Gerade wegen der Bedeutung der Organisation für das Proletariat kommt alles auf die Art des Zieles an, die man ihm setzt. Dieses Ziel ist von der größten praktischen Bedeutung. Nichts unpraktischer als die anscheinend so realpolitische Ansicht, die Bewegung sei alles und das Ziel nichts. Ist die Organisation auch nichts und die unorganisierte Bewegung alles?

Schon vor Marx hatten Sozialisten dem Proletariat Ziele gesetzt. Aber diese hatten nur Sektiererei hervorgerufen, die Proletarier gespalten, da jeder dieser Sozialisten den Hauptnachdruck auf die besondere Art der Lösung des sozialen Problems legte, die er erfunden hatte. So viele Lösungen, so viele Sekten.

Marx gab keine besondere Lösung. Er widerstand allen Herausforderungen »positiv« zu werden, im Detail die Maßregeln darzulegen, durch die das Proletariat zu emanzipieren sei. Er setzte in der Internationale der Organisation nur das allgemeine Ziel, das jeder Proletarier sich zu eigen machen konnte, die ökonomische Befreiung seiner Klasse; und auch der Weg dahin, den er zeigte, war einer, den jedem Proletarier schon sein Klasseninstinkt wies: der ökonomische und politische Klassenkampf.

Vor allem war es die gewerkschaftliche Form der Organisation, die Marx in der Internationale propagierte; sie erschien als diejenige Form, die am ehesten große Massen dauernd zu vereinigen möge. In den Gewerkschaften sah er auch die Cadres der Arbeiterpartei. Ihre Erfüllung mit dem Geiste des Klassenkampfes und ihre Heranbildung zum Verständnis der Bedingungen, unter denen die Expropriation der Kapitalistenklasse und die Befreiung des Proletariats möglich sei, betrieb er nicht minder eifrig, wie die Ausdehnung der gewerkschaftlichen Organisation selbst.

Er hatte dabei große Widerstände zu überwinden, gerade bei den fortgeschrittensten Arbeitern, die noch vom Geiste der alten Sozialisten erfüllt waren und auf die Gewerkschaften mit Geringschätzung herabsahen, weil sie das Lohnsystem nicht antasteten. Diese erschienen ihnen als ein Abweichen vom richtigen Wege, den sie in der Einrichtung von Organisationen erblickten, in denen das Lohnsystem direkt überwunden wurde, wie in den Produktgenossenschaften. Wenn trotzdem die gewerkschaftliche Organisation auf dem Festlande Europas seit der zweiten Hälfte der sechziger Jahre rasche Fortschritte machte, verdankt sie das vor allem der Internationale und dem Einflusse, den Marx in ihr und durch sie ausübte.

Aber die Gewerkschaften waren Marx nicht Selbstzweck, sondern nur Mittel zum Zweck des Klassenkampfes gegen die kapitalistische Ordnung. Gewerkschaftsführern, die die Gewerkschaften diesem Zwecke abwendig zu machen suchten – sei es aus beschränkten persönlichen oder nur gewerkschaftlichen Absichten –, denen setzte er den energischsten Widerstand entgegen. So namentlich den englischen Gewerkschaftsbeamten, die mit den Liberalen zu mogeln begannen.

Überhaupt, so nachsichtig und tolerant Marx gegenüber den proletarischen M a s s e n war, so streng gegenüber denjenigen, die als ihre F ü h r e r auftraten. Das galt in erster Linie ihren Theoretikern.

In der proletarischen Organisation hieß Marx jeden Proletarier herzlich willkommen, der mit der ehrlichen Absicht kam, den Klassenkampf mitzukämpfen, einerlei, welchen Anschauungen der Beitretende sonst huldigte, welche theoretischen Beweggründe ihn trieben, welche Argumente er gebraucht; einerlei, ob er Atheist war oder ein guter Christ, ob Proudhonianer, Blanquist, Weitlingianer oder Lassalleaner, ob er die Werttheorie verstand oder für völlig überflüssig hielt usw.

Natürlich war es ihm nicht gleichgültig, ob er es mit

klardenkenden oder konfusen Arbeitern zu tun hatte. Er hielt es für eine wichtige Aufgabe, sie aufzuklären, aber er hätte es für falsch gehalten, Arbeiter deshalb, weil sie konfus dachten, abzustoßen und von der Organisation fernzuhalten. Er setzte volles Vertrauen in die Kraft des Klassengegensatzes und die Logik des Klassenkampfes, die jeden Proletarier auf den richtigen Weg bringen musste, sobald er sich nur einmal einer Organisation angeschlossen hatte, die einem wirklichen proletarischen Klassenkampf diente.

Aber anders verhielt er sich Leuten gegenüber, die zum Proletariat als Lehrer kamen und Anschauungen verbreiteten, die geeignet waren, die Kraft und die Einheitlichkeit dieses Klassenkampfes zu stören. Solchen Elementen gegenüber kannte er keine Duldsamkeit. Als unerbittlicher Kritiker trat er ihnen entgegen, mochten auch ihre Absichten die besten sein; ihr Wirken erschien ihm auf jeden Fall verderblich – wenn es überhaupt Resultate zeitigte und sich nicht als bloße Kraftvergeudung erwies.

Dank dem ist Marx stets einer der bestgehassten Männer gewesen; bestgehasst nicht bloß von der Bourgeoisie, die in ihm ihren gefährlichsten Feind fürchtete, sondern auch von allen Sektierern, Erfindern, gebildeten Konfusionsräten und ähnlichen Elementen im sozialistischen Lager, die seine »Unduldsamkeit«, sein »Autoritarismus«, sein »Papsttum«, seine »Ketzergerichte« umso lebhafter empörten, je schmerzlicher sie seine Kritik empfunden.

Mit seinen Anschauungen haben wir Marxisten von Marx auch diese Position übernommen, und wir sind stolz darauf. Nur wer sich als der Schwächere fühlt, klagt über die »Unduldsamkeit« einer rein literarischen Kritik. Niemand wird mehr, schärfer, bösartiger kritisiert als Marx und der Marxismus. Aber bisher ist noch keinem Marxisten eingefallen, darob ein Klagelied über die Unduldsamkeit unserer literarischen Gegner anzustimmen. Dazu sind wir unserer Sache zu sicher.

Nicht gleichgültig lässt uns dagegen der Unmut, der zeitweise in den proletarischen Massen laut wird über die literarischen Fehden, die zwischen dem Marxismus und seinen Kritikern ausgefochten werden. Aus diesem Unmut spricht ein sehr berechtigtes Bedürfnis: das nach Einheitlichkeit des Klassenkampfes, nach Zusammenfassung aller proletarischen Elemente zu einer großen geschlossenen Masse, die Furcht vor Spaltungen, die das Proletariat schwächen könnten.

Die Arbeiter wissen sehr wohl, welche Kraft sie aus ihrer Einigkeit schöpfen; sie steht ihnen höher als theoretische Klarheit, und sie verwünschen theoretische Diskussionen, wenn diese zu Spaltungen zu führen drohen. Mit Recht, denn das Streben nach theoretischer Klarheit würde das Gegenteil dessen bewirken, was es erreichen soll, wenn es den proletarischen Klassenkampf schwächte, statt stärkte.

Ein Marxist, der eine theoretische Differenz bis zur Spaltung einer proletarischen Kampfesorganisation fortführte, würde indes nicht marxistisch, nicht im Sinne der Marxschen Lehre vom Klassenkampf handeln, für die jeder Schritt wirklicher Bewegung wichtiger ist als ein Dutzend Programme.

Ihre Auffassung der Stellung, die von den Marxisten innerhalb der proletarischen Organisationen einzunehmen ist, haben Marx und Engels bereits im Kommunistischen Manifest dargelegt in dem Abschnitt, der betitelt ist: »Proletarier und Kommunisten«. Die Kommunisten, das war ungefähr dasselbe, was man heute Marxisten nennt.

Es heißt da:

»In welchem Verhältnis stehen die Kommunisten zu den Proletariern überhaupt?

Die Kommunisten sind keine besondere Partei gegenüber den anderen Arbeiterparteien.

Sie haben keine von den Interessen des ganzen Proletariats getrennten Interessen.

Sie stellen keine besonderen Prinzipien auf, wonach sie die proletarische Bewegung modeln wollen.

Die Kommunisten unterscheiden sich von den übrigen proletarischen Parteien nur dadurch, dass sie einerseits in den verschiedenen nationalen (d.h. auf die einzelnen Staaten beschränkten. K.K.) Kämpfen der Proletarier die gemeinsamen, von der Nationalität unabhängigen Interessen des gesamten Proletariats hervorheben und zur Geltung bringen, andererseits dadurch, dass sie in den verschiedenen Entwicklungsstufen, welche der Kampf zwischen Proletariat und Bourgeoisie durchläuft, stets das Interesse der Gesamtbewegung vertreten.

Die Kommunisten sind also praktisch der entschiedenste, immer weitertreibende Teil der Arbeiterparteien aller Länder; sie haben theoretisch vor der übrigen Masse des Proletariats die Einsicht in die Bedingungen, den Gang und die allgemeinen Resultate der proletarischen Bewegung voraus.

Der nächste Zweck der Kommunisten ist derselbe wie der aller übrigen proletarischen Parteien: Bildung des Proletariats zur Klasse, Sturz der Bourgeoisieherrschaft, Eroberung der politischen Macht durch das Proletariat.

Die theoretischen Sätze der Kommunisten beruhen keineswegs auf Ideen, auf Prinzipien, die von diesem oder jenem Weltverbesserer erfunden oder entdeckt sind. Sie sind nur allgemeine Ausdrücke tatsächlicher Verhältnisse eines existierenden Klassenkampfes, einer unter unseren Augen vor sich gehenden geschichtlichen Bewegung.«

In den sechzig Jahren, seitdem dies geschrieben worden, hat sich manches geändert, so dass diese Sätze nicht mehr bis auf jeden Buchstaben angewendet werden können. 1848 gab es noch keine großen, einheitlichen Arbeiterparteien mit umfassenden sozialistischen Programmen, und neben der marxistischen Theorie bestanden zahlreiche andere, viel weiter verbreitete sozialistische Theorien.

Heute ist im kämpfenden Proletariat, das in Massenparteien vereinigt ist, nur noch e i n e sozialistische Theorie lebendig: die marxistische. Nicht alle Mitglieder der Arbeiterparteien sind Marxisten, noch weniger sind alle durchgebildete Marxisten. Aber diejenigen unter ihnen, die nicht die marxistische Theorie anerkennen, haben ü b e r h a u p t k e i n e T h e o r i e. Entweder leugnen sie die Notwendigkeit einer jeden Theorie und eines jeden Programms, oder sie brauen sich aus Stücken der vormarxistischen Denkweisen, die wir eben kennengelernt haben und die noch nicht ganz verschwunden sind, zusammen mit ein paar marxistischen Brocken einen Allerweltssozialismus zusammen, der den Vorteil hat, dass man aus ihm alles weglassen kann, was einem momentan nicht in den Kram passt, in ihn alles aufnehmen, was einem momentan verwendbar erscheint, der also weit bequemer ist, als der konsequente Marxismus, aber völlig versagt, wo die Theorie am wichtigsten wird. Er reicht aus für die gewöhnlichen Zwecke populärer Agitation, versagt aber, wenn es gilt, sich in der Wirklichkeit angesichts neuer, unerwarteter Erscheinungen zurechtzufinden. Gerade wegen seiner Schmiegsamkeit und Weichheit kann man aus ihm keinen Bau bilden, der allen Stürmen trotzt. Aber auch eine Richtschnur kann er nicht bilden, die den Suchenden leitet, da er selbst ganz durch die persönlichen Augenblicksbedürfnisse seiner Träger bestimmt wird.

Der Marxismus hat sich heute im Proletariat nicht mehr gegen andere sozialistische Anschauungen durchzusetzen. Seine Kritiker treten ihm nicht mehr mit anderen Theorien entgegen, sondern nur noch mit Anzweiflungen der Notwendigkeit entweder einer Theorie überhaupt oder doch einer konsequenten Theorie. Es sind nur noch Redensarten wie die von »Dogmatismus«, »Orthodoxie« und dergleichen, nicht geschlossene neue Systeme, die ihm in der proletarischen Bewegung entgegengehalten werden.

Das ist aber für uns Marxisten heute nur noch ein Grund mehr, jeden Versuch zu meiden, innerhalb der Arbeiterbewegung eine besondere marxistische Sekte bilden zu wollen, die sich von den übrigen Schichten des kämpfenden Proletariats abschließt. Wie Marx betrachten auch wir es als unsere Aufgabe, das g e s a m t e Proletariat zu einem kämpfenden Organismus zu vereinigen. I n n e r h a l b dieses Organismus wird es aber stets unser Ziel sein, »der praktisch entschiedenste, immer weitertreibende Teil« zu bleiben, der »vor der übrigen Masse des Proletariats die Einsicht in die Bedingungen, den Gang und die allgemeinen Resultate der proletarischen Bewegung v o r a u s h a t «, das heißt, wir werden stets bemüht sein, an praktischer Energie und theoretischer Erkenntnis das Höchste zu leisten, was mit den gegebenen Mitteln geleistet werden kann. Bloß darin, in der Überlegenheit unserer Leistungen, zu denen uns die Überlegenheit des marxistischen Standpunktes befähigt, wollen wir eine Sonderstellung im Gesamtorganismus des als Klassenpartei organisierten Proletariats einnehmen, das übrigens überall dort, wo nicht bewusster Marxismus es bereits erfüllt, durch die Logik der Tatsachen immer mehr in dessen Bahnen gedrängt wird.

Es hat aber auch kaum je ein Marxist oder eine marxistische Gruppe wegen rein theoretischer Differenzen eine Spaltung hervorgerufen. Wo es zur Spaltung kam, waren es stets praktische, nicht theoretische, waren es taktische oder organisatorische Differenzen, die sie herbeiführten, und die Theorie nur der Sündenbock, dem alle dabei begangenen

Sünden aufgeladen wurden. Was z.B. seit einigen Jahren ein Teil der französischen Sozialisten als Kampf gegen marxistische Unduldsamkeit bezeichnet, ist bei Lichte besehen nur der Kampf einiger Literaten und Parlamentarier gegen die proletarische Disziplin, die sie für entwürdigend ansehen. Sie verlangen die Disziplin bloß für die große Masse, nicht aber für so erhabene Wesen wie sie selbst. Die Verfechter der proletarischen Disziplin sind dagegen in Frankreich von jeher die Marxisten gewesen, und sie haben sich dabei als vortreffliche Schüler ihres Meisters gezeigt.

Er hat nicht bloß theoretisch den Weg gezeigt, auf dem das Proletariat am ehesten sein hohes Ziel erreicht, er ist auch praktisch auf diesem Wege vorangeschritten. Durch sein Wirken in der Internationale ist er vorbildlich geworden für unsere ganze praktische Tätigkeit.

Nicht nur als Denker, sondern auch als Vorbild haben wir Marx zu feiern, oder vielmehr, was eher in seinem Sinne liegt, ihn zu studieren. Wir ziehen nicht minder reichen Gewinn aus der Geschichte seiner persönlichen Wirksamkeit wie aus seinen theoretischen Auseinandersetzungen.

Und vorbildlich wurde er in seinem Wirken nicht allein durch sein Wissen, seinen überlegenen Verstand, sondern auch durch seine Kühnheit, seine Unermüdlichkeit, die sich paarte mit der größten Güte und Selbstlosigkeit und dem unerschütterlichsten Gleichmut.

Wer seine Kühnheit kennenlernen will, der lese seinen Prozess nach, der in Köln am 9. Februar 1849 wegen seines Aufrufs zum bewaffneten Widerstand gegen ihn verhandelt wurde, wobei er die Notwendigkeit einer neuen Revolution darlegte. Für seine Güte und Selbstlosigkeit zeugt die rege Sorge, die er, selbst im größten Elend lebend, für seine Genossen betätigte, an die er stets eher dachte als an sich selbst, so nach dem Zusammenbruch der Revolution von 1848, so nach dem Fall der Pariser Kommune von

1871. Sein ganzes Leben endlich war eine ununterbrochene Kette von Prüfungen, die nur ein Mann bestehen konnte, dessen Unermüdlichkeit und Unerschütterlichkeit das gewöhnliche Maß weit überstieg.

Vom Beginn seines Wirkens in der »Rheinischen Zeitung« (1842) wurde er gehetzt von Land zu Land, bis ihm die Revolution von 1848 den Beginn eines siegreichen Vorstürmens versprach. Durch ihren Fall sah er sich wieder zurückgeworfen in politisches und persönliches Elend, das umso hoffnungsloser schien, da ihn im Exil einerseits die bürgerliche Demokratie boykottierte, anderseits ein Teil der Kommunisten wegen mangelnden Radikalismus befehdete und von den Getreuen eine ganze Anzahl in preußischen Festungen für viele Jahre begraben wurde. Dann kam endlich ein Lichtblick, die Internationale, aber nach wenigen Jahren wurde auch dieser wieder verdunkelt durch den Fall der Pariser Kommune, dem bald die Auflösung der Internationale in innerer Wirrnis folgte. Wohl hatte diese ihre Aufgabe in glänzender Weise erfüllt, aber gerade dadurch waren die proletarischen Bewegungen der einzelnen Länder selbständiger geworden. Je mehr sie wuchs, desto mehr bedurfte die Internationale einer elastischeren Organisationsform, die den einzelnen nationalen Organisationen mehr Spielraum ließ. Jedoch zur selben Zeit, als dies höchst notwendig wurde, fühlten sich die englischen Gewerkschaftsführer, die mit den Liberalen zusammengehen wollten, durch die Tendenzen des Klassenkampfes beengt, indes in den romanischen Ländern der bakunistische Anarchismus gegen die Beteiligung der Arbeiter an der Politik rebellierte: Erscheinungen, die den Generalrat der Internationale gerade damals zur schärfsten Ausübung seiner zentralistischen Befugnisse drängten, als der Föderalismus der Organisation notwendiger wurde denn je. An diesem

Widerspruch scheiterte das stolze Schiff, dessen Steuer Karl Marx in Händen hatte.

Das wurde eine bittere Enttäuschung für Marx. Freilich kam dann der glänzende Aufstieg der deutschen Sozialdemokratie und das Erstarken der revolutionären Bewegung in Russland. Indes das Sozialistengesetz setzte jenem glänzenden Aufstieg zunächst ein Ende und der russische Terrorismus erreichte auch seinen Höhepunkt 1881. Von da an ging es mit ihm rasch bergab.

So war die politische Tätigkeit von Marx eine ununterbrochene Kette von Misserfolgen und Enttäuschungen. Und nicht minder seine wissenschaftliche Tätigkeit. Sein Lebenswerk, das »Kapital«, auf das er so große Erwartungen gesetzt, blieb anscheinend unbeachtet und wirkungslos, selbst in der eigenen Partei wurde es bis in den Anfang der achtziger Jahre nur wenig verstanden.

Marx starb gerade an der Schwelle der Zeit, in der endlich die Früchte reifen sollten, die er in den wütendsten Stürmen und sonnenloser, düsterer Zeit ausgesät. Er starb, als die Zeit heranbrach, in der die proletarische Bewegung ganz Europa ergriff und sich überall mit seinem Geiste erfüllte, auf seine Grundlagen sich stellte und gerade dadurch eine Periode ununterbrochenen sieghaften Aufschwungs des Proletariats begann, die so glänzend abstich von jener Zeit, in der Marx als einsamer, wenig begriffener, aber viel gehasster Kämpfer gegen eine Welt von Feinden nach Verständnis für seine Ideen im Proletariat rang.

So entmutigend, ja geradezu trostlos diese Situation für jeden gewöhnlichen Menschen geworden wäre, Marx raubte sie nie seinen heiteren Gleichmut, nie seine stolze Zuversicht. Er überragte seine Mitwelt so hoch, sah soweit über sie hinweg, dass er das Land der Verheißung klar erblickte, welches der großen Masse seiner Mitlebenden nicht einmal zu ahnen vergönnt war. Es war seine wissenschaftliche Größe, es war die Tiefe seiner Theorie, aus der er die beste Kraft seines Charakters schöpfte, in der seine Unerschütterlichkeit und seine Zuversicht wurzelte, die ihn frei hielt von allen Schwankungen und Stimmungen, von jenem unsteten Gefühlsüberschwang, der heute himmelhoch jauchzt und morgen zu Tode betrübt ist.

Aus dieser Quelle müssen auch wir schöpfen, dann können wir sicher sein, dass wir in den großen und schweren Kämpfen, denen wir entgegengehen, unsern Mann stellen und das Maximum an Kraft entwickeln werden, dessen wir fähig sind. Dann dürfen wir erwarten, früher als es sonst möglich wäre, unser Ziel zu erreichen. Das Banner der Befreiung des Proletariats und damit der gesamten Menschheit, das Marx entfaltet hat, das er mehr als ein Menschenalter lang uns vorantrug, in immer wieder erneutem Ansturm, nie ermattend, nie verzagend, das werden die Kämpfer, die er geschult hat, siegreich aufpflanzen aus den Trümmern der kapitalistischen Zwingburg.

Karl Marx' Grab auf dem Friedhof zu Highgate in London (Nach einer Fotografie von Karl Pinkau, Leipzig)